国学救亡讲演录

章太炎 著
蒙木 编

北京出版集团公司
北京出版社

图书在版编目（CIP）数据

国学救亡讲演录 / 章太炎著；蒙木编. — 北京：北京出版社，2018.2
（大家小书）
ISBN 978-7-200-13288-5

Ⅰ. ①国… Ⅱ. ①章… ②蒙… Ⅲ. ①国学—研究 Ⅳ. ①Z126

中国版本图书馆CIP数据核字（2017）第245412号

总策划　安　东　高立志
责任编辑　高立志　邓雪梅
责任印制　宋　超
装帧设计　北京纸墨春秋艺术设计工作室

大家小书
国学救亡讲演录
GUOXUE JIUWANG JIANGYANLU

章太炎　著
蒙　木　编

*

北京出版集团公司
北京出版社　　　　出版
（北京北三环中路6号）
邮政编码：100120

网　　址：www.bph.com.cn
北京出版集团公司总发行
新　华　书　店　经　销
三河市同力彩印有限公司印刷

*

880毫米×1230毫米　32开本　7印张　132千字
2018年2月第1版　2023年2月第2次印刷
ISBN 978-7-200-13288-5
定价：44.00元
如有印装质量问题，由本社负责调换
质量监督电话：010-58572393

序　言

袁行霈

"大家小书",是一个很俏皮的名称。此所谓"大家",包括两方面的含义:一、书的作者是大家;二、书是写给大家看的,是大家的读物。所谓"小书"者,只是就其篇幅而言,篇幅显得小一些罢了。若论学术性则不但不轻,有些倒是相当重。其实,篇幅大小也是相对的,一部书十万字,在今天的印刷条件下,似乎算小书,若在老子、孔子的时代,又何尝就小呢?

编辑这套丛书,有一个用意就是节省读者的时间,让读者在较短的时间内获得较多的知识。在信息爆炸的时代,人们要学的东西太多了。补习,遂成为经常的需要。如果不善于补习,东抓一把,西抓一把,今天补这,明天补那,效果未必很好。如果把读书当成吃补药,还会失去读书时应有的那份从容和快乐。这套丛书每本的篇幅都小,读者即使细细地阅读慢慢地体味,也花不了多少时间,可以充分享受读书的乐趣。如果把它们当成补药来吃也行，剂量小，吃起来方便，消化起来也容易。

我们还有一个用意，就是想做一点文化积累的工作。把那些经过时间考验的、读者认同的著作，搜集到一起印刷出版，使之不至于泯没。有些书曾经畅销一时，但现在已经不容易得到；有些书当时或许没有引起很多人注意，但时间证明它们价值不菲。这两类书都需要挖掘出来，让它们重现光芒。科技类的图书偏重实用，一过时就不会有太多读者了，除了研究科技史的人还要用到之外。人文科学则不然，有许多书是常读常新的。然而，这套丛书也不都是旧书的重版，我们也想请一些著名的学者新写一些学术性和普及性兼备的小书，以满足读者日益增长的需求。

"大家小书"的开本不大，读者可以揣进衣兜里，随时随地掏出来读上几页。在路边等人的时候、在排队买戏票的时候，在车上、在公园里，都可以读。这样的读者多了，会为社会增添一些文化的色彩和学习的气氛，岂不是一件好事吗？

"大家小书"出版在即，出版社同志命我撰序说明原委。既然这套丛书标示书之小，序言当然也应以短小为宜。该说的都说了，就此搁笔吧。

用国粹激动种性,增进爱国的热肠

——晚年以国学救亡的章太炎

蒙 木

国学,常常指"一国固有之学问",但国学这个词本身属于舶来品。

明治维新后,日本国力趋盛,很多人开始讨论大和民族的特性是什么?因此日本出现了西化派和国粹派的论争。黄遵宪(1848—1905)于1887年刊行的《日本国志》最早记录了这个论争,并开始使用"国学"这个词。中日甲午战争之后,马关之耻震醒了不少中国士人,他们开始向日本学习。国粹和国学这些词越来越多地走到中国维新人士的笔端。尤其是戊戌维新失败后流亡日本的那些士人亲身感受了这场论争。梁启超(1873—1929)在1902年致函黄遵宪,拟倡办《国学报》,而黄遵宪认为传统旧学"尊大""固弊",须先大开门户,容纳新学,"俟新学盛行,以中国固有之学,互相比较,互相竞争,而旧学之真精神乃愈出,真道理乃益明"。国学的提倡"略迟数年再议,未谓不可"。但他充分肯定梁启超所拟《国学报》纲目体大思精,不如先据此写一本《国学史》。"养成国民,当以保国粹为主义,取旧学磨洗而光大之。"在梁启超这里,国学是一个"新民"的过程。他1902到1904年连载的《论中国学术思想变迁之大势》中数次提到"国学"这个词。

1903年2月,黄节在梁启超主编的《新民丛报》第26号发表《游学生与国学》,希望"以公众之力,设置一国学图书馆","图书馆若成,则凡是有志于是者,可以开一国学研究会,以世界之新知识,合并于祖国之旧知识,十年之后,我国学之光焰,必有辉于大地者"。

1904年3月《政艺通报》第三年甲辰第三号上,邓实发表长文《国学保存论》,进一步提出"保存国学"的主张。同年7月《政艺通报》甲辰第十一号上,黄节又发表了《国学报叙》说:"癸卯岁暮同人创为国粹学社,拟月出《国学报》一编。"8月,邓实在简朝亮《国粹学》一文前面加按语,大声疾呼:"呜呼,国学不明,大义终塞,将有国破种亡之惨,学其乌可一日已乎?"

在上海,继出现了国学扶轮社和国学社等出版团体之后两三年,1905年初,邓实、黄节等人又发起成立革命学术团体"国学保存会":"爱日以学,读书保国,匹夫之贱,有责焉矣。"筹办《国粹学报》为其机关刊物。

同年2月《国粹学报》创刊,序说:"海通以来,泰西学术,输入中邦,震旦文明,不绝一线。无识陋儒,或扬西抑中,视旧籍如苴土。夫天下之理,穷则必通。士生今日,不能籍西学证明中学,而徒炫皙种之长,是犹有良田而不知辟,徒咎年凶;有甘泉而不知疏,徒虞水竭。……惟流俗昏迷,冥行索途,莫为之导,虽美弗彰。不揣固陋,拟刊发报章,用存国学……钩元提要,括垢磨光,以求学术会通之旨,使东土光明,广照大千,神州旧学,不远而复,是则下士区区保种爱国存学之志也。"《国粹学报·例略》表述得更为简明:"发明国学,保存国粹,不有门户之见,不涉党派之私。"《国粹学报》发刊初期,执笔人甚少,主要是邓实、黄节、刘师培。后来撰稿人逐渐增多,陈去病、章太炎、廖平、王国维、郑孝胥、黄侃、柳亚子、罗振玉、马叙伦等陆续加入。

没有西学,谈不上国学。国学是维新士人有鉴于西学强势东渐而提出来的,他们要检点中国固有的家底。最早宣扬国学的这拨人有很多都有较强的西学背景,他们提倡国学的初衷不是要研究国学如何博大精深,而是通过国学来刺激爱国心,增强我们海纳西学的文化自信。"有亡国,有亡天下。……易姓改号,谓之亡国。仁义充塞,而至于率兽食人,人将相食,谓之亡天下。……保天下,匹夫之贱与有责焉耳矣。"这个命题是当时国学人士有强烈共鸣的。国学在，天下就不会亡。这个思想延续到后来，章太炎1907年发表的《中华民族解》将"中国民族"定义为文化概念："中华之名词，不仅非一地域之国名，亦且非一血统之种名，乃为一文化之族名。"

谈国学绕不开梁启超，也绕不开长他四岁的章太炎（1869—1936）。章太炎在《论教育的根本要从自国自心发出来》中说："大凡讲学问施教育的，不可像卖古玩一样，一时许多客人来看，就贵到非常贵；一时没有客人来看，就贱到半文不值，自国的人，该讲自国的学问，施自国的教育，像水火柴米一个样儿，贵也是要用，贱也是要用，只问要用，不问外人贵贱的品评。后来水越治越清，火越治越明，柴越治越燥，米越治越熟，这样就是教育的成效了。"

1906年6月，苏报案"主犯"章太炎出狱，中国同盟会派员迎其赴日。他在东京留学生欢迎会上发表演说，述"平生的历史与近日办事的方法"，认为最紧要的是："第一，是用宗教发起信心，增进国民的道德；第二，是用国粹激动种性，增进爱国的热肠。""提倡国粹"，"不是要人尊信孔教，只是要人爱惜我们汉种的历史"，即其"语言文字""典章制度"与"人物事迹"。1906年9月5日，章太炎主笔的《民报》第七号刊载了《国学讲习会序》，说：同人拟创设国学讲习会，章炳麟先已允为宣讲者：一中国语言文字制作之原，一典章制度所以设施之旨趣，一古来人物事迹之可为法式者……其实这个讲习会第一次开讲一直迁延到1908年4月4日。国学讲习会在大成学校的大班课听者甚众。后来鲁迅等留学生闻名进来，发现脱课不少，想从头听讲，便托人央章先生另开一个小班。7月11日开始，章太炎在民报社寓所小班开讲，听讲人包括钱玄同、马裕藻、沈兼士、朱希祖、周豫才（鲁迅）、周启明（周作人）、许寿裳等。周作人说："太炎对于阔人要发脾气，可是对青年学生却是很好，随便谈笑，同家人朋友一般。夏天盘膝坐在席上，光着膀子，只穿一件长背心，留着一点泥鳅胡须，笑嘻嘻的讲书，庄谐杂出，看去好像是一尊庙里哈喇菩萨。"

据刘文典回忆："有一天下午，章先生正在拿佛学印证《庄子》，忽然听见巷子里卖号外。有一位同学买来一看，正是武昌起义的消息，大家喜欢得直跳起来。从那天起，先生学生天天聚会，但是不再谈《说文》《庄子》，只谈怎样革命了。"黄侃对这次东京讲学回忆说："其授人国学也，以谓国不幸衰亡，学术不绝，民犹有所观感，庶几收硕果之效，有复阳之望。故勤勤恳恳，不惮其劳，弟子至数百人。"

这是章太炎第一次集中而系统地讲学，他第二次系统讲学是在他被袁世凯羁押北京期间，以"国学会"名义"讲学自娱"。"国学会""专以开通智识,昌大国性为宗。"1913年12月9日首讲,地点在北京化石桥共和党本部,"到者约百人"。这次讲学持续了一个多月,听众中除钱玄同、吴承仕、马裕藻外,还有毛子水、顾颉刚、傅斯年等青年学生。据顾颉刚回忆,"讲学次序,星期一至三讲文学科的小学,星期四讲文科的文学,星期五讲史科,星期六讲玄科。"吴承仕时任司法部佥事,因倾慕章太炎的道德文章,常来请教佛学方面的问题,令太炎大喜。《菿汉微言》便由章太炎讲授,吴承仕笔录,于1916年初完成的。

1916年12月26日,蔡元培受命担任北京大学校长。蔡元培和章太炎是浙江同乡,从爱国学社便开始合作革命,后来同为光复会的发起人、同盟会的元老成员。蔡元培主政的北大,其文科骨干主要是章太炎的弟子们:钱玄同、沈兼士、马裕藻、朱希祖、沈士远、黄侃、马叙伦、刘文典、周豫才(鲁迅)、周启明(周作人)等,以至于陈源在和鲁迅的论战中说出"在北京教育界占最大实力的某籍某系",后来沈尹默在《我和北大》一文中也承认了这个某籍某系(浙江籍北大国文系)的存在。

章太炎第三次讲学是1922年4月至6月,应江苏省教育会的邀请,在上海讲授"国学"。每周一次,每次两小时,一共讲了十讲。同年11月,曹聚仁的讲课记录以

《国学概论》为书名由上海泰东书局排印出版。《国学概论》后来成为章著中最为知名与普及的一种,后世对于"国学"的想象,在很大程度上来源于此书框架。

第四次讲学是1934年冬至1936年6月以"章氏国学讲演会""章氏国学讲习会"等名义进行的。1934年秋,章太炎由上海迁居苏州。最初,在居无定所的情况下举办了每周一次的星期讲演会,1935年9月,在购买了苏州锦帆路50号居所后,又于此开办了章氏国学讲习会。据统计,学员年龄最长的七十三岁,最年轻的不过十八岁,籍贯遍及十九省,住宿学会里的百余人。这次讲学的最后成果主要是《国学略说》的刊行。

其实,1929年已届花甲之年的章太炎基本上闭门杜客,对国事、学术俱缄默无言,自甘淡出政治和学术舞台了。是"九一八"事变日本的入侵,刺激了章太炎,他才再次走出书斋,为了挽救民族危亡而呼吁奔走,与熊希龄、马相伯组织中华民国国难救济会,呼吁国民党各派系停止内斗,共同抗击侵略。1932年"一·二八"事变后不久,他一来为了避难,二来想利用自己民国元勋的身份,以及与北方军阀们的私交,"代东南民众呼吁出兵"。2月29日,章太炎到达北平,请张学良出兵抗日,"大声疾呼,声震瓦屋";又见段祺瑞、吴佩孚、冯玉祥等,要求共同御侮。这些人在抗日战争中晚节昭然,与章太炎的游说未必没有关系。

在北平停留约三个月，章太炎先后在燕京大学、北平师范大学、北京大学等作学术演讲。据钱玄同日记，1932年3月22日在民国学院讲《代议制改良之说》；3月24日，章太炎在燕京大学讲《论今日切要之学》；3月28日在中国学院讲《治国学之根本知识》；3月31日，在师范大学讲《清代学术之系统》；4月8日在北京大学讲《揭示学界救国之术》；4月12日，在平民大学讲《今学者之弊》；4月18、20、22日，在北京大学讲《广论语骈枝》。

关于章太炎北大讲学情形，钱穆《师友杂忆》载："太炎上讲台，旧门人在各大学任教者五六人随侍，骈立台侧。一人在旁做翻译，一人在后写黑板。太炎语音微，又皆土音，不能操国语。引经据典，以及人名地名书名，遇疑处，不询之太炎，台上两人对语，或询台侧侍立者。有顷，始译始写。而听者肃然，不出杂声。此一场面亦所少见。翻译者似为钱玄同，写黑板者为刘半农（据钱玄同日记，写黑板是魏建功——笔者注）。……在当时北平新文化运动盛极风行之际，而此诸大师犹亦拘守旧礼貌。"张中行也有回忆，他说："地点是北河沿北京大学第三院风雨操场，就是五四时期囚禁学生的那个地方。我去听，因为是讲世事，谈己见。可以容几百人的会场，坐满了，不能捷足先登的，只好站在窗外。老人满头白发，穿绸长衫，由弟子马幼渔、钱玄同、吴检斋等五六个人围绕着登上讲台。太炎先生个子不高，双目有神，向下望一望就讲起来。满口浙江余杭的家乡话。估计大多数人听不懂，由刘半农任翻译；常引经据典，由钱玄同用粉笔写在背后的黑板上。说话不改老脾气，诙谐而兼怒骂。现在只记得最后一句是：'也应该注意防范，不要赶走了秦桧，迎来石敬瑭啊！'其时是'九一八'以后不久，大局步步退让的时候。话虽然以诙谐出之，意思却是沉痛的，所以听者都带着愤慨的心情送老人走出去。"

1936年6月14日，章太炎病逝于苏州锦帆路寓所，留下遗言："设有异族入主中夏，世世子孙毋食其官禄。"他生前将墓地选在西湖边张苍水墓侧。国民政府褒令国葬，但因抗战烽火，国葬未能实行，家人将他暂葬苏州章家后花园。1955年4月，按照其生前遗愿，章太炎的灵柩得以迁葬于杭州西湖边，南屏山麓，荔枝峰下，紧邻张苍水墓，墓碑上篆隶结合的"章太炎之墓"几个字是章生前自己写就。1966年底，章太炎被掘墓暴尸，墓地辟为菜园，又十五年后才寻回遗骨，恢复陵墓于旧址。章太炎墓之外，1988年又添了章太炎纪念馆。

章太炎讲国学从文字训诂、古籍辨伪等小学讲起，进而经学，进而玄学（哲学—思想史）。因为言之无文行而不远，章太炎一直特重文学。1910年章太炎精心编定的《国故论衡》"上卷小学十篇，中卷文学七篇，下卷诸子学九篇"，不及史学；到《国学概论》，分为经学、哲学、文学三部，史学是附于经、文之后来讲的。

卞孝萱认为章太炎特重史学，是从1924年开始的。是年7月，他在金陵教育改进社讲《劝治史学并论史学利弊》，提出："保存国性，发扬志趣"是教育的根本，"至于能发扬志趣，保存国性之教育，其要点则重在读史"，"无史之国，每易沦亡"，"盖时代愈近者，与今世国民性愈接近，则其激发吾人志趣，亦愈易也"。日本侵华后，1932年3月24日，章太炎在燕京大学讲《论今日切要之学》，认为在亡国灭种关头，历史学可以唤起青年的爱国之心，研究历史最为切要。1933年在无锡国专演讲《历史之重要》："经术乃是为人之基本，若论运用之法，历史更为重要，处斯乱世，尤当斟酌古今，权衡轻重。"这这篇演讲中，他特别强调："昔人读史，注意一代之兴亡。今人情势有异，目光亦须变换，当注意全国之兴亡，此读史之要义也。"

1934年，章太炎在《与邓之诚论史书》中又说："鄙人提倡读史之志，本为忧患而作。"1935年六七月，他连续演讲《论读史之利益》《略论读史之法》强调读史"当论大体"。是年6月6日，章太炎曾作《答张季鸾问政书》:"一、中国今后应永远保存之国粹,即是史书,以民族主义所托在是。二、为救亡计,应政府与人民各自任之,而皆以提倡民族主义之精神为要。三、中国文化本无宜舍弃者,但用之则有缓急耳。今日宜格外阐扬者,曰以儒兼侠。故鄙人近日独提倡《儒行》一篇。宜暂时搁置者,曰纯粹超人超国之学说。"章太炎强调用历史"鼓舞民气,启导方来","读史之效,在发扬祖德,巩固国本",他在《历史之重要》中说:"夫人不读经书,则不知自处之道;不读史书,则无从爱其国家。"

讲经,从来都是章太炎治国学的重点,他在《论读经有利而无弊》中说:"读经之利有二:一、修己;二、治人。治人之道,虽有取舍,而保持国性实为重要。"

"修己治人"是章太炎晚年一再强调的。在他看来,提倡"修己"之学,实为乱世里的救急之术,而非借此修身成德,优入圣域。在《国学之统宗》中,他揭橥《孝经》《大学》《儒行》《丧服》四部经典。"爱国者,爱一国之人民耳。爱国之念,由必爱父母兄弟而起。"所以《孝经》一书,实不可轻。"《大学》者,平天下之原则也。从仁义起,至平天下止,一切学问,皆包括其中。治国学者,应知其总汇在此。""《孝经》《大学》,人治根本已立,然无勇气,尚不能为完人,此余之所以必标举《儒行》也。""欲求国事之强,民气之尊,非提倡

《儒行》不可也。""《儒行》不独尚气节,亦尚勇力。"1925年10月8日在长沙明德中学的演讲:"青年为人,当以志向气节为先,学问为辅。"后来章太炎一再揭榜顾亭林"行己有耻,博学于文",1932年5月30日在青岛大学专门做这个主题演讲:"救世之道,首须尚气节","人能知耻,方能立国,遇难而不思抵抗,即为无耻,因知耻近乎勇,既不知耻,即无勇可言。""国家昏乱,礼教几于坠地,然一二新学小生之言,固未能尽变民俗,如丧服一事,自礼俗以至今,兹二三千年未有能废者也。"(《丧服概论》)章太炎独倡《丧服》,"欲保存中国之礼法"。所以"讲国学当以《孝经》《大学》《儒行》《丧服》四书为统宗。"

这本《国学救亡讲演录》主要依据章念驰编《章太炎全集》(演讲卷)和马勇编《章太炎讲演集》,编选自"九一八"之后,至其《国学略说》之间的历次演讲。讲《说文》,讲《尚书》,以及《丧服概论》六七篇过于专业,今天普通读者阅读繁难,因此未收,其余讲演基本齐备,大致分隶为国学综论、经学、史学和儒学四部分。

章太炎《论经史儒之分合》认为,"经之所该,举凡修己治人,无所不具","大抵提出宗旨曰经,解说之者为说";"吾人读经主旨,在求修己之道,严夷夏之辨"。

"史与儒家，皆经之流裔"。"史即经之别子，无历史即不见民族意识所在"；"经典治人之道，非儒家固不能运用。"

史上大儒，章太炎标举最不遗余力的，一为顾亭林，一为范仲淹，"名节厉俗"，"经义"与"治事"兼擅。因为国学不尚空谈，而在实行。

今日国学复热，但国学概念过于宽泛，我们谈国学不能无根。笔者认为国学不能等同于蒙学，不可单单提倡什么《弟子规》《千字文》之类，我们必须接着章太炎、梁启超的文脉，继续讲，必须面对鲁迅、陈独秀、胡适诸人的批评，以免妖气升腾遮蔽了国学中康健和昂扬的一面。章太炎的《国故论衡》《国学概论》《国学略说》当然非常重要，但要完整地理解章太炎，读读这本《国学救亡讲演录》是必要的，它不是单刀直入讲国学是什么，而是结合时事，呈现了章太炎国学发展的脉络，看看他在方法论上的提倡和反对，对于我们所谓国学或者说中国传统文化的复兴必将大有裨益。

2017．05．18

主要参考文章：

周振鹤《章太炎在东京讲国学》

张荣华《钱玄同与章太炎北上讲学》

《章太炎的讲学和弟子》（《杭州政协》2012年第十二期）

朱贞《1922章太炎上海讲学与中国学界的"新旧"纠葛》

卢毅《章太炎和他的弟子们》

张昭军《章太炎"九一八"后讲学：不要赶走秦桧迎来石敬瑭》

桑兵《章太炎晚年北游讲学的文化象征》

卞孝萱《章太炎各次国学演讲之比较研究》

目 录

国学之统宗 …………………………………… （ 1 ）
清代学术之系统 ……………………………… （ 11 ）
论经史儒之分合 ……………………………… （ 22 ）

关于经学的演讲 ……………………………… （ 33 ）
论读经有利而无弊 …………………………… （ 43 ）
再释读经之异议 ……………………………… （ 51 ）
"经义"与"治事" …………………………… （ 61 ）
述今古文之源流及其异同 …………………… （ 67 ）
讲学大旨与《孝经》要义 …………………… （ 72 ）
《大学》大义 ………………………………… （ 79 ）
《儒行》要旨 ………………………………… （ 85 ）
《孝经》《大学》《儒行》《丧服》余论 ……… （ 91 ）

论今日切要之学 ……………………………… （ 97 ）
关于史学的演讲 ……………………………… （103）
读史与文化复兴之关系 ……………………… （109）

历史之重要 …………………………………（114）
民国光复 ……………………………………（121）
论读史之利益 ………………………………（126）
论经史实录不应无故怀疑 …………………（132）
略论读史之法 ………………………………（143）
关于《春秋》的演讲 ………………………（154）
《春秋》三传之起源及其得失 ……………（161）

文章流别 ……………………………………（170）
白话与文言之关系 …………………………（178）
儒家之利病 …………………………………（184）
适宜今日之理学 ……………………………（188）
在孔子诞辰纪念会上的演说 ………………（195）
自述治学之功夫及志向 ……………………（198）

国学之统宗

无锡乡贤，首推顾、高二公。二公于化民成俗，不无功效，然于政事则疏阔。广宁之失，东林之掣肘，不能辞其咎。叶向高、王化贞、邹元标、魏大中等主杀熊廷弼，坐是长城自坏，国势日蹙，岂非东林诸贤，化民成俗有余，而论道经邦不足乎？今欲改良社会，不宜单讲理学。坐而言，要在起而能行。周、孔之道，不外修己治人，其要归于六经。六经散漫，必以约持之道，为之统宗。余友桐城马通伯，主张读三部书，一《孝经》，二《大学》，三《中庸》。身于三书均有注解。余寓书正之，谓三书有不够，有不必。《孝经》《大学》固当，《中庸》则不必取。盖《中庸》者，天学也。自天命之谓性起，至上天之载无声无臭止，无一语不言天学。以佛法譬之，佛法五乘，佛法以内者，有大乘、小乘、声闻独觉乘，佛法以外者，有天乘、人乘。天乘者，婆罗门之言也。人乘者，儒家之言也。今言修己治人，只须阐明人乘，不必涉及天乘，故余以为《中庸》不必讲也。不够者，社会腐败，至今而极。救之之道，首须崇尚气节。五代之末，气节扫地，范文正出，竭力提倡，世人始知冯道之可耻。其后理学家反以气节为不足道，以文章为病根，此后学之过也。专讲气节之书，于《礼记》则有《儒行》。《儒行》所述十五儒，皆以气节为尚。宋初，尚知尊崇《儒行》，赐新进士以皇帝手书之《儒行》。南宋即不然。高宗信高闶之言，以为非孔子之语，于是改赐《中庸》。大概提倡理学之士，谨饬有余，开展不足。两宋士气之升降，即可为是语之证。今欲卓然自立，余以为非提倡《儒行》不可。《孝经》《大学》《儒行》之外，在今日未亡将亡，而吾辈亟须保存者，厥惟《仪礼》中之《丧服》。此事于人情厚薄，至有关系。中华之异于他族，亦即在此。余以为今日而讲国学，《孝经》《大学》《儒行》《丧服》，实万流之汇归也。不但坐而言，要在起而行矣。先讲《孝经》。

学者谓《孝经》为门内之言，与门外无关。今取《论语》较之，有子之言曰："其为人也孝弟，而好犯上者鲜矣。不好犯上，而好作乱者未之有也。"与《孝经》先王有至德要道，民用和睦，上下无怨，意义相同。所谓犯上作乱，所谓民用和睦，上下无怨，均门外之事也，乌得谓之门内之言乎？宋儒不信《孝经》，谓其非孔子之书。《孝经》当然非孔子之书，乃出于曾子门徒之手，然不可以其不出孔子之手而薄之。宋儒于《论语》"孝弟也者其为仁之本与"一章，多致反驳，以为人之本只有仁，不有孝弟。其实仁之界说有广狭之别，克己复礼狭义也，仁者爱人广义也。如云孝弟也者其为爱人之道之本与,则何不通之有?后汉延笃著《仁孝先后论》,谓孝在事亲,仁施品物。孟子谓亲亲而仁民,由此可知孝弟固为仁之本矣。且此语古已有之,非发自有子也。《管子·戒》第二十六"孝弟者仁之祖也"。祖与本同,有子乃述管子之语耳。宋人因不愿讲《论语》此章,故遂轻《孝经》,不知汉人以《孝经》为六经总论,其重之且如此。以余观之,《尧典》"克明俊德,以亲九族;九族既睦,平章百姓;百姓昭明,协和万邦,黎民于变时雍",即《孝经》"先王有至德要道,以顺天下,民用和睦上下无怨"之意。孔子之说,实承《尧典》而来。宋人疑之,可谓不知本矣。且也,儒、墨之分,亦可由《孝经》见之,墨子长处尽多,儒家之所以反对者,即在兼爱一端。今之新学小生,人人以爱国为口头禅,此非墨子之说而似墨子。试问如何爱国?爱国者,爱一国之人民耳。爱国之念,由必爱父母兄弟而起。父母兄弟不能爱,何能爱一国之人民哉?由此可知孝弟为仁之本,语非虚作。《孝经》一书,实不可轻。《孝经》文字平易,一看便了,而其要在于实行,平时身体发肤不敢毁伤,至于战阵则不可无勇,临难则不可苟免。此虽有似矛盾,其实吾道一贯,不可非议。于此而致非议,无怪日讲《墨子》兼爱之义,一旦见敌,反不肯拚命矣。昔孟子讲爱亲敬长,为人之良能。其后阳明再传弟子罗近溪谓良知良能,只有爱亲敬长,谓孔门弟子求学,求来求去,才知孝弟为仁之本。此语也,有明理学中之一线光明，吾侪不可等闲视之者也。诸君试思，《孝经》之有关立身如此，宋人乃视为一钱不值，岂为平情之言乎？《孝经》讲孝，分列为五。其所云天子之孝，爱亲者不敢恶于人，敬亲者不敢慢于人，与墨子之道为近。民国人人平等，五种阶级，不必全依经文，但师其意而活用之，由近及远，逐项推广可矣。次讲《大学》。

《大学》为宋人所误解者不少。不仅误解，且颠倒其本文。王阳明出，始复古本之旧。其精思卓识，实出宋人之上。今按《大学》之言，实无所不包。若一误解，适足为杀人之本。宋人将"在亲民"改作"在新民"，以穷知事物之理解释格物。彼辈以为《康诰》有"作新民"之语，下文又有"苟日新"、"天命维新"诸语，故在亲民之亲，非改作新不可。不知《汤盘》之"新"，乃洁清身体发肤之谓。其命维新者，新其天命也，皆与亲民无关，不可据之以改经文。夫《书经》人所共读，《孟子》亦人所共读，孟子明言三代之学皆所以明人伦也。人伦明于上，小民亲于下。《尚书》尧命契作司徒，敬敷五教，其结果则百姓相亲。《大学》亲民之说，前与《尚书》相应，后与孟子相应。不知宋人何以改字也？格物之说，有七十二家之歧异，实则无一得当。试问物理学之说，与诚意正心何关？故阳明辟之，不可谓之不是。然阳明所云致良知以正物，语虽可喜，然加一良字，且语句与原意颠倒。应说致知而后物格，不应说物格而后致知也。阳明之前，郑康成训格为来，谓所知于善深，则来善物；所知于恶深，则来恶物，颇合《论语》"我欲仁斯仁至矣"之义，亦与阳明知行合一之说相符，但文义亦与原文不合，虽能言之成理，胜于晦庵，但均颠倒原文，不足以服人之心。其余汉、宋大儒讲格物者，不计其数，而皆讲之不通。明人乃有不读书之灶丁王心斋，以为格物即物有本末，致知即知所先后。千载疑窦，一朝冰释，真天下快事。盖《大学》所讲，为格物、诚意、正心、修身、齐家、治国、平天下，诚意为正心、修身之本，此为知本，此为知之至也。上所云云，尤为根本之根本。心斋不曾读书，不知格字之义。《苍颉篇》："格，量度也。"能量度即能格物，谓致知在于量度物之本末。此义最通，无怪人之尊之信之，称为"淮南格物论"也。刘蕺山谓王阳明远不如心斋，此语诚非无故。其后假道学先生李光地，亦知采取心斋。可见是非之心，人心有同然矣。阳明生时骂朱文公为洪水猛兽，阳明读书不多，未曾遍观宋人之说，故独骂朱子。实则伊川、象山均如此讲。朱子治学，亦未身能穷知事物之理，无可奈何，敷衍了事，而作此说。今之新学小生，误信朱子之言，乃谓道德而不能根据科学者，不是道德，夫所谓道德，将以反抗自然也。若随顺自然，则杀人放火，亦何不可以科学为之根据者？信斯言也，真洪水猛兽之比矣。朱子有知，不将自悔其言之孟浪乎？殷、周革命之际，周人称忠殷抗周之民曰殷顽，思有以化之，故《康诰》有作新民之言。所谓新民者，使殷民思想变换，移其忠于殷者，以忠于周室耳。新民云云，不啻顺民之谓已，此乃偶然之事，非天下之常经，不可据为典要。夫社会之变迁以渐，新学小生，不知斯义，舍其旧而新是谋，以为废旧从新，便合作新民之旨，不知其非《大学》之意也。要之，《大学》之义，当以古本为准。格物之解，当以心斋为是，不当盲从朱子。《孝经》乃一贯之道，《大学》亦一贯之道。历来政治不良，悉坐《大学》末章之病。所谓好人之所恶、恶人之所好，一也；人之彦圣，妒疾以恶之，二也；长国家而务财用，三也。三者亡国之原则，从古到今二三千年，无有不相应者。反之，即可以平天下。是故《大学》者，平天下之原则也。从仁义起，至平天下止，一切学问，皆包括其中。治国学者，应知其总汇在此。

讲明《孝经》《大学》，人之根本已立，然无勇气，尚不能为完人，此余之所以必标举《儒行》也。《儒行》十五儒，未必皆合圣人之道。然大旨不背于《论语》。《论语》子贡问："何如斯可谓之士矣？"子曰："行己有耻，使于四方，不辱君命，可为士矣。"子路问成人，子曰："见利思义，见危授命，久要不忘平生之言，亦可以为成人矣。"士与成人，皆是有人格之意。反之，不能为人，即等于禽兽。《论语》所言，正与《儒行》相符。《儒行》见死不更其守，即《论语》"见危授命"之意，久不相见，闻流言不信，即《论语》"久要不忘平生之言"之意，可见道理不过如此。《论语》《儒行》，初无二致，宋人以"有过可微辨而不可面数也"一语，立意倔强，与子路"人告之以有过即喜"殊异，即加反对，不知骂《儒行》者，自身即坐此病。朱、陆为无极、太极之枝节问题，意见相反，书函往复，互相讥弹，几于绝交，不关过失，已使气如此，何况举其过失乎？有朱、陆之人格，尚犹如此，何况不如朱、陆者乎？不但此也，孟子之为人，亦恐其有过可微辨而不可面数者。何以言之？淳于髡言是故无贤者也，有则髡必识之，以讥孟子。孟子引孔子之事，谓君子之所为，众人固不识也，其悻悻然之辞气，见于文字间，可知其非胸无芥蒂者。余以为自孔、颜外，其余贤者恐皆如此。然而两汉人之气节，即是《儒行》之例证。苏武使于匈奴，十九年乃返，时人重之，故宣帝为之图像。至宋，范文正讲气节，倡理学。其后理学先生却不甚重视气节，洪迈之父皓，使于金，十五年乃返，其事与苏武相类，而时人顾不重之。宋亡，而比迹冯道者，不知凡几，此皆轻视气节之故。如今倭人果灭中国，国人尽如东汉儒者，则可决其必不服从。如为南宋诸贤，吾知其服从者必有一半。是故欲求国势之强，民气之尊，非提倡《儒行》不可也。《儒行》之是否出于孔子，不必论，但论吾侪行己应否如此可矣。其为六国时人作欤？抑西汉时人作欤？都可不问。若言之成理即非孔子之语，或儒者托为孔子之语，均无碍也。况以事实论之，哀公孱弱，孔子对证发药，故教之以强毅，决非他人伪造者也。

　　《丧服》经不过《仪礼》十七篇之一。《仪礼》十七篇，诸侯大夫礼不必论，冠礼不行于今，婚礼六礼，徒有其名而已，士相见礼、乡饮酒礼、特牲馈食礼，亦不行于今，惟士丧礼与丧服有关。然讲丧服，不必讲士丧礼也。丧服至今仍行，通都大邑，虽只用黑纱缠臂，然内地服制尚存其意。形于文字者，尚有讣闻遵礼成服之语。虽是告朔之饩羊，犹有礼意存焉。周代有诸侯、世卿之分，故丧服有尊降、压降之名。政治改变，诸侯、世卿之名已去，汉代虽提倡丧服，即不讲尊降压降，此亦礼文损益之义也。汉儒于《仪礼》尽注十七篇者，惟郑康成一人。其余马融、王肃，只注一篇。三国、晋、宋间人，注《丧服》者十余家，蜀蒋琬亦曾注《丧服》，可见《丧服》之重要。诸君翻阅杜佑《通典》，即可知《丧服》、丧礼之大概。顾亭林言六朝人尚有优点，诚然，六朝人不讲节义，却甚重《丧服》。古人在丧服中，不能入内，不能见女人。陈寿遭父丧，有疾，使婢丸药，乡党以为贬议，坐是沉滞者累年，此事明载《晋书》。又晋惠帝之子愍怀太子遹，被贾后毒死。事白，惠帝为之下诏追复丧礼，反葬京畿，服长子斩衰三年。以《丧服》中本有父为长子斩衰三年之文故也。晋惠无道尚如此，可见晋人之重视《丧服》矣。晋以后，唐人亦重《丧服》。宋代理学先生，亦知维持《丧服》。明人则恐不甚看《丧服》经，然皇帝皆以孝字为号，尚知遵行《丧服》，胜于清人。《丧服》代有变迁，尊降压降，不适宜于郡县时代。自汉至隋，全遵《仪礼》。唐人稍加修改，尚称近理，如父在为母齐衰期，父没为母齐衰三年，唐人均改为三年。其余修改者尚有四五条，皆几微而不甚要紧，唯经文妇为舅姑斩衰不杖期，宋人改妇为舅姑与子为父母同，盖因唐末人不明礼意，有妇为舅姑如子为父母之事实。五代时，刘岳作《书仪》，即改妇为舅姑等于子为父母。至宋初，魏仁浦乃谓夫处苫块之中，妇服纨绮之服，是为不当，乃迳改礼文，不知苫块在未葬之前，既葬即不在苫块。《丧服》有变除之义，期年入外寝，再期大祥，然后除服。妇已除服，虽不可著有花之纨绮，尚可著无花之青缣（如今之蓝纺绸）。仁浦不知此意，故疑其不当。当时在官者，大抵不学无术，又翕然从之，改妇为舅姑，等于子为父母，此宋人之陋也。至明代只有斩衰三年。古礼，妇人不二斩，男子亦然。为人后者，为本生父母降，为父母斩衰，为长子亦斩衰。明太祖改之。明人不知古斩衰三年与齐衰三年惟在无缝有缝之别，本不甚相远也。（古人持服，有正服、降服、义服之别。降服者承继，出嫁之子女，为本生父母也。义服者，恩轻而不得不重服。如臣之为君是也。）降至清代，遂为一切误谬之总归宿。今若除去尊降压降一条，其余悉遵《开元礼》，则所谓遵礼成服者，庶不致如告朔之饩羊矣。

上来所讲，一《孝经》，二《大学》，三《儒行》，四

《丧服》。其原文合之不过一万字，以之讲诵，以之躬行，修己治人之道，大抵在是矣。

据《制言》第 54 期

＊此为章太炎 1933 年 3 月 14 日在无锡国学专门学校的演讲，由诸祖耿记录。

清代学术之系统

清代学术，方面甚广，然大概由天才而得者少，由学力而成者多。关于天才方面的，如诗、词、古文等均属之。清代的诗本不甚好，词亦平常，古文亦不能越唐宋八大家之范围，均难独树一帜。至于学力方面的学术，乃清代所特长，亦特多。如小学、经学、史学、算学、地理学等，均甚有成绩。此等学术，全赖学力，不赖天才。此外如理学，是半赖学力、半赖天才的，清代于此学亦不甚高明。所以现在只讲清代关于学力方面的学术，不讲天才方面的学术，就是半学力半天才的理学也不去讲它。单说学力方面的学术，有小学、经学、史学、算学、地理学等等。

清代地理，自成一派之学，开端者为刘献廷与顾祖禹。顾祖禹的《读史方舆纪要》，后来讲地理者均推崇之。然顾氏实一闭户读书之人，各处地方均未实历，全靠刘献廷的帮助，因为旅行各处以实地考察者实为刘献廷，故《读史方舆纪要》一书，乃是以刘献廷的经验与顾祖禹的文章凑合而成的。刘献廷在中国地理学上有一大发明，即中国旧日地图无经纬度数，刘氏始以北极高度为标准而画度数，此后地图用此，皆刘氏提倡之功。讲山水者有齐召南，曾作《水道提纲》。齐氏之后，有汪士铎，曾为胡林翼作地图，中国新近所出地图，均以汪士铎地图为祖。此两家虽可称发明，然他们均曾见内府地图，实有所本，并非独得之功力。清代讲地理之学较好者当推此四家。其他考《水经注》者，考地理志者，多琐碎繁杂，不必论。

清代算学，以梅文鼎为首。清初算学家有一通弊，多偏于天文方面，故只能认为天文学家，尚不能认为算学家。又多讲迷信，如江永之流尚不能免此病。虽梅文鼎亦迷信测天步历，盖当时风气如此。自梅氏后，几何学渐渐通行，此本西法，不过将中国旧日算法加以推明，此梅氏所以仍为第一也。康乾之间，尚有数家，如戴震作《勾股割圜记》，亦未能脱迷信。真有发明者，当推李锐之四元说。李氏仅讲测天，不讲步历，所以高人一等。其余如罗士琳、项名达等，亦各有著述。李善兰始治代数，华蘅芳始治微积，然代数、微积本非中法，不足称发明。故学者虽多，而可数者殊少。

清代史学极盛，著述亦极多。史学可别为二：一为作史，一为考史。清代史家，考史者多，作史者少，兹分别言之：

清代作史者，首为万斯同的《明史稿》。万氏此书，乃私人著作。万曾客于明史馆总裁徐元文家，与《明史》极有关系。此书只有列传，无纪、志、表，列传亦多为王鸿绪所作。王氏操守较差，人多讥之，然此书之成，王氏与有功焉，后人不应以其个人操守之差而诋排之，须知前代史家如范晔之流，其个人品行又何尝高出王鸿绪？然世皆称道其书，不以人废言，那么，又何必苛责王鸿绪呢？清代史学著作，完书甚少，《明史稿》自可首屈一指。次则为毕沅之《续通鉴》。万氏《明史稿》之价值过于宋、辽、金、元诸史，而毕氏《续通鉴》则远不及《通鉴》。司马温公书有论附于篇后，毕书则无之，即考异亦不详。此书本无大价值，因作史者少，故列入之。宋王偁曾作《东都事略》一书，清邵晋涵乃作《南都事略》以补南渡一代之史，惟今日未见其书，但知有目而已。尚有温睿临者，撰《南疆逸史》，为正史体裁，虽不完具，亦勉强可算一个。后咸丰间徐鼒作《小腆纪年》及《小腆纪传》二书，《纪年》为编年体，《纪传》为纪传体；徐氏不过是一个八股先生，于史学实无功夫，然此二书则尚算完备。近人柯劭忞作《新元史》，亦可算一个作家。如此一算，清代作史者居然尚有七人。

考史者清代特多，最早为万斯同的《历代史表》。后来补表、补地理志者如钱大昕、洪亮吉等，于史学均能得大体。其余零考琐录者尚多，以钱大昕的《廿二史考异》、王鸣盛的《十七史商榷》、赵翼的《廿二史札记》为最佳。三书之中，钱书当为第一，钱、王是一路，赵则将正史归类，其材料不出正史；钱、王功力较深，其实亦不免琐碎。故论清代考史之作，实以补表为最好。

清代史家有二长处：第一是实在，第二是不加议论。然其短处亦在此，所以虽无胡致堂之妄，亦无司马温公之长。

讲到清代史家，尚有一事应注意，即论史不敢论及《明史》，甚至考史亦不敢考及《明史》。此因《明史》乃是所谓"钦定"之书，且事涉清室，自应避免，不赞一词。其实《明史》非无可议者，是则有待于后人矣。

小学为清代所特长，开端者如张弨、顾蔼吉诸人，不过考汉碑字体，辨别隶书之正俗，够不上说专门学问，因为这不过是教小孩子认字而已。前代小学家多从《说文解字》着手，而清代小学家却先讲音韵。顾炎武作《音学五书》，以《诗》《易》《离骚》用韵为据，音理虽疏，证据却完备。顾氏分古韵为十部，至江永作《古韵标准》，则分十三部，较顾氏为精，因江氏长于审音也。戴震始定古韵为九类，以九类分平声为十六部，连入声共廿五部；实则廿五与十六，十六与九，是一样的，因平声十六部有"阴声"与"阳声"之别，阴声七部，阳声九部，再加入声九部，即成廿五部，自此音理始大明。后来段玉裁分为十七部，孔广森分为十八部，王念孙分为廿一部，皆不离戴之廿五部。明古音方能明训诂，明训诂方能讲《尔雅》《说文》。邵晋涵与郝懿行，均讲《尔雅》者也。讲《说文》者更多。前人讲《说文》不甚好，因为仅讲形体；段玉裁出，始将声音、训诂、形体三者合讲，其《说文解字注》，虽有改字及增删之病，然大体实甚精当。严可均作《说文声类》，亦甚好。此后王筠的《说文四种》，则仅足供初学之用而已。桂馥的《说文义证》，发明亦甚少。

"小学"本合文字、声音、训诂三部分而成，三者不能分离，故欲为此学定一适当之名称却颇难，为名"文字学"则遗声音，名为"音韵学"又遗文字，我想可以名为"言语学"，因为研究小学，目的在于明声音、训诂之沿革以通古今言语之转变也。清代小学所以能成为有系统之学者，即因其能贯通文字、声音、训诂为一之故。或谓小学专为说经之用，则殊不然；因经书之文虽为古代之言语，而言语却不限于经书也。惟欲说经，必先通小学，始能了解古人之言语。此如算学本非为测天步历而作，而测天步历实有赖于算学。故小学固非专为说经之用，而说经实有赖于小学。

清代经师有汉学与非汉学之分。清代经学前驱亦为顾炎武，顾氏无说经专书，惟《日知录》中有说经之部分。顾氏说经，均论大体，小处不讲。彼时汉学尚未成立，顾氏犹时采宋人之说。然同时已有汉学家出，如陈启源讲《诗》，已专据《小序》，与朱熹相反。考《尚书》者有阎若璩的《尚书古文疏证》，对于今本《尚书》，辨别其中孰真孰伪，于是古文诸篇为伪造之案始定，此为渐成汉学之始，然尚无汉学之名。臧琳作《经义杂记》，考经典文字之异同，极类汉学家言，或有疑为非其自作者。此后南方有两派，一在苏州，成汉学家；一在徽州，则由宋学而兼汉学。在苏州者为惠周惕、惠士奇、惠栋。士奇《礼说》已近汉学，至栋则纯为汉学，凡属汉人语尽采之，非汉人语则尽不采，故汉学实起于苏州惠氏。在徽州者为江永，由朱熹之学入门，有《近思录集注》，本非汉学，惟讲《周礼》甚好，且较惠氏尚过之，故世亦称之为汉学，然江氏本人则不自认为汉学也。江永弟子有金榜，曾作《礼笺》；又有戴震，则实为宋学家，非汉学家。由声音以求训诂，通训诂以说经，虽始于戴氏，然戴氏之学实比其师江永不如，比同学金榜亦不如，而竟享盛名者，盖学者亦如官吏中有"政务官"与"事务官"之别，戴氏如政务官，其事务官之职务则后人为之担负也。戴少时与惠栋曾相见，后来不甚佩服惠氏，因为惠氏所作《明堂大道录》之类，颇多迷信之谈，戴氏颇不以为然。日本人有一戏语，谓惠栋为洪秀全之先驱，我谓惠氏颇似义和团之先驱也。

苏州学派笃信好古，惠氏弟子如江声、余萧客，其学亦不甚高。江声之后如顾千里辈，一变而为校勘学。余萧客作《古经解钩沈》，又作《文选音义》，故又流入《文选》学。王鸣盛作《尚书后案》，亦守古，主郑玄说，一字不敢出入。即戴震之学传至苏州，亦染守古之风，如段玉裁之弟子陈奂，虽本戴学，然其疏《诗》，则不取郑笺，专主毛传。钱大昕与惠栋亦有关系，然非师弟，钱氏考经证史均甚精核，音韵亦能发明双声，颇多独得，不泥古，与惠栋不同。戴初见钱时，钱已成翰林，戴则寓徽州会馆中，颇落拓，人目为"疯子"，戴氏见钱后告人曰："吾以晓徵为第二人"，盖自居于第一人也。然钱颇盛称戴，故戴名日起。至江藩作《汉学师承记》，则仍推钱为第一人。苏、徽二派，势不相容，然钱氏确高于戴氏。戴后入四库馆，其弟子中有名者为段玉裁、王念孙、孔广森、任大椿、丁杰等。丁杰较逊；任大椿曾作《弁服释例》；段、王、孔三人学问最精。孔广森始治《公羊》，然其最佳之著作则为《诗声类》。段氏作《说文解字注》《六书音均表》《周礼汉读考》《古文尚书撰异》等。诸书中以《说文解字注》用力最勤，做了三十年，为段氏最后成绩。其作《古文尚书撰异》时，尚年轻，前人多称誉此书，以为精于《说文解字注》；然自今日视之，则《说文解字注》实较《古文尚书撰异》为精，因为就新出之三体石经考证，知《古文尚书撰异》实甚疏舛也。王念孙传戴氏之学，所著有《广雅疏证》《读书杂志》诸书，考明训诂，较以前诸人均为切实，段氏尚有疏谬，王氏则无。其子引之著《经义述闻》，又著《经传释词》，指出古人误解虚字为实字，亦是一大发明。王念孙虽从戴震游，起初并无传戴学之意，故其成功是偶然的。王氏为戴氏之事务官，可谓称职，然王亦能为政务官。《经传释词》诸书之后，有先师俞曲园（樾）先生的《古书疑义举例》诸书，俞先生又王氏之事务官也。王氏以高邮人而传徽学。

是时扬州又特出一支，即汪中，汪与王念孙为同事（在阮元学政幕中），又系同乡。汪之为学虽出于戴，而不为戴氏所缚，又宗顾炎武，不肯为章句之学。其毕生精力所萃，在《述学》一书中。此后扬州学者甚多。有凌曙者，其教弟子可谓得"狡兔三窟"之意，命陈立治《公羊》，刘文淇治《左氏》，因若《公羊》衰则有《左氏》在，《左氏》衰则有《公羊》在也。陈立治《公羊》尚实在。刘文淇数传，至曾孙师培而绝。太史公《自序》说，"自上世尝显功名于虞夏，典天官事，后世中衰，绝于予乎！"余谓仪徵刘氏之学，真绝于刘师培也。

与苏州学派不算一支而有关系者，为常州学派，此为今文学派，其治学专以《春秋公羊传》为宗。此派开端者为庄存与，其后有名者为刘逢禄、宋翔凤，以及浙江之戴望等人。人虽多，而学术精良者少。至于康有为以《公羊》应用，则是另一回事，非研究学问也。浙江尚有邵懿辰者，亦讲今文。庄存与虽讲今文，然亦讲《周礼》，而且还要讲伪古文《尚书》，刘逢禄亦讲《书序》，不尽今文也。

清初诸人讲经治汉学，尚无今古文之争。自今文家以今文排斥古文，遂有古文家以古文排斥今文来相对抗，孙诒让作《周礼正义》，专重古文，与今文为敌，此其例也。然今古文实亦不能尽分，即如说《礼》，总不能不杂糅今古文，即宋人之说亦不能不采。凌廷堪作《礼经释例》，胡培鞏作《仪礼正义》，二家讲《礼》，总不免牵入宋代李如圭、张淳诸人之说也。

清代学派中，尚有四明学派，此派不起于清，实源于宋。万斯大、万斯同兄弟均四明派，说经多讲《三礼》。其后传至黄式三，式三子以周作《礼书通故》，意欲集《三礼》之大成，此书杂糅汉、宋及今古文，因欲说《礼》，则今古文不能不杂糅，汉、宋亦不能不杂糅也。若只讲古文而不讲今文，则先须排斥《礼记》，这是做不到的；而宋儒说《礼》亦有甚好者，不能弃而不录。所以今古文不能不杂糅，汉、宋亦不能不杂糅。孙诒让作《周礼正义》，能排斥今文，然不能尽斥宋说，此则今古文虽欲争而亦有不能争者。

清代经学，自分布之地域观之，最先为苏州（后又分出常州一支），次徽州，又次为扬州，浙江在后。其在山东，则有孔广森及桂馥。在广东，则有侯康，讲《谷梁》；又有陈澧，亦是汉、宋杂糅者。余如四川、两湖亦有经学家。惟有一处纯为宋学，绝对不受汉学影响者，即江西是也。江西本陆学极盛之地，宋代朱熹讲学之所，故在历史地理上为一特别区域。大概学问亦如催眠术，遇有特别情形者则不能催。江西之学风，在清代三百年中绝不受汉学影响，今之江西犹昔之江西也。

清初亦有理学先生，后来汉学家出，尚不敢菲薄理学，如惠栋之流，说经虽宗汉，亦不薄宋；江永且为《近思录》

作注。自徽州派之戴震出，方开辟一新世界。其《孟子字义疏证》一书，大反对陆、王，对于程、朱亦有反对之语。后人多视此书为反对理学之书，实则为反对当时政治之书。清初皇帝表面上提倡理学，常以理学责人，甚至以理学杀人，故戴氏书中有云，"人死于法，犹有怜之者；死于理，其谁怜之！"这是他著书的要旨。戴氏见雍正、乾隆动辄利用理学以责人，颇抱不平，故攻击理学。戴氏以前，尚推崇程、朱，此后遂不复谈宋学矣。

桐城派始祖方苞，颇自居于理学。至姚鼐，则无理学之见。姚在少年时愿从戴震学，戴拒而不收——究竟是不敢收，还是不屑收？却不得而知——因此两人极相左。翁方纲自附于理学，故姚与翁均攻戴。至方东树作《汉学商兑》，对戴仍不减仇视之意。《汉学商兑》中斥汉学之弊，颇有中肯语。惟方氏谓汉学家于立身行己之道不讲，这却不然。当时的汉学家，品行无甚坏者。唯孙星衍较坏，然亦小节，不过好男色而已；然当其点翰林时不肯拜和珅，则不可谓不讲气节，在山东按察使任内，平反冤狱甚多。大概汉学家亦如耶稣教人，即欲为非，亦不敢，因汉学家亦不敢叛周公、孔子之教也。故如汉世张禹、孔光、马融之徒，清代无之。大抵清代经师平常人多，故难得有为则有之。唯阮元在官能平海寇，此为汉学家之功业，然阮氏除此以外，亦并无十分好处。其余诸人在官亦平常，无特别好，亦无特别坏。其所以然者，因为他们本欲自处于无用，盖自清初诸人均不愿入仕，故其说经，不但无通经致用之说，即议论亦不愿发，虽今文派之刘逢禄亦无此思想。后来之通经致用说，则从康有为起。此或自古已然，如战国时之经师，据《汉书·艺文志》及《儒林传》所录，如商瞿、谷梁赤、公羊高等，在当时皆毫无声名。孟子由经师转入儒家，故或有用。可见自来经师本多如此，非独清人然也。故吾人评清代汉学家，可以说他们无用，却不能说他们品行不好。

据《师大月刊》第 10 期《文学院专号》，1934 年 3 月 31 日

＊此为章太炎 1932 年 3 月 31 日在北京师范大学的演讲，由柴德赓记录，钱玄同审定。

论经史儒之分合

经之所该至广，举凡修己治人，无所不具。其后修己之道，衍而为儒家之学。治人之道，则史家意有独至，于是经史遂似判然二途。夫所谓经者何指乎？大纲二字，允为达诂。《韩非》内、外储三篇，篇各有经，造大纲于篇端，一若后世艺文之有目录。《管子》有经言、外言、短语、区言、杂篇，而经言居首，盖纲之在纲，义至重要。《墨子》有《经上》、《经下》，次有《经说》上下，一如后世之分经传。大抵提出宗旨曰经，解说之者为说。简要者为经，详尽者曰说曰传。后世儒家、史家，辞繁不能称，遂别称为子为史，溯其朔一而已矣。

古无史之特称。《尚书》《春秋》皆史也，《周礼》言官制，《仪礼》记仪注，皆史之旁支。礼、乐并举，乐亦可入史类。《诗》之歌咏，何一非当时史料。大小雅是史诗，后人称杜工部为诗史者，亦以其善陈时事耳。《诗》之为史，当不烦言。《易》之所包者广，关于哲学者有之，关于社会学者有之，关于出处行藏者亦有之。其关于社会进化之迹，亦可列入史类，故阳明有六经皆史之说。语虽太过，而史与儒家，皆经之流裔，所谓六艺附庸，蔚为大国，盖无可疑。

《周礼》大司徒教万民而宾兴之，六德、六行、六艺而已。六艺者，礼、乐、射、御、书、数。《记》又有春夏教《诗》《书》，秋冬教《礼》《乐》之说，则已备有四经。而《易》不以教士，专为卜筮之守，其后亦得免于秦火。《春秋》为国史，民间所不得见。《尚书》则古史，非当代史，且各自为篇，无年月以比次，历代兴废，所记不全，如《夏书》已有《甘誓》《五子之歌》《胤征》诸篇，然于后羿、寒浞之篡弑，少康一旅之中兴，均缺焉不载。故《书》虽以道政事，而不得称为完具之史。惟《春秋》编次年月，体例始备，奠定史基，当弗外是。第《春秋》之作，昉于何时？杜元凯《春秋释例》谓为周公之旧典。余观《周官》五史，未及《春秋》一语。小史掌邦国之志，殆方志类耳。以周公之思兼三王，犹未备编年一体，可见当时对于此道尚疏。余谓《春秋》之作，当起于西周之末。太史公《十二诸侯年表》始于共和元年，前此则但称世表，而弗能次其年月。《墨子·明鬼》篇历引周、燕、宋、齐之《春秋》，至杜伯射王而止，可见周宣以前，尚无《春秋》。《春秋》既记当代之事，民间不得习睹，惟贵族或可得见，故《晋语》司马侯称羊舌肸（叔向）习于《春秋》，悼公即召傅太子。《楚语》士亹傅太子箴，问于申叔时，叔时曰教之《春秋》《世》《诗》《礼》《乐》《令语》《故志》《训典》。

《令语》《故志》《训典》，皆《尚书》家言；《故志》即邦国之志。盖《尚书》不专记王朝，如《费誓》《秦誓》，皆邦国之志也。《世》即《世本》，为《春秋》家言。由此知公侯子孙，乃得一读《春秋》。其他教万民之术，止有《诗》《书》《礼》《乐》而已。管子相齐，其教颇广，故《山权》数篇，言《诗》以记物，时以记岁，《春秋》以记成败，行者道民之利害，《易》者所以守凶吉成败，卜者卜凶吉利害，民之能此者皆与之一马之田一金之衣。所谓行者，即《周礼》小行人所掌，辨别每国之五物，亦即方志之类也。管子悬此以求士，可见当时齐国之士，能全读此者亦不数觏。孔子教人，平时亦止《诗》《书》《礼》《乐》。五十学《易》，习之已晚。《春秋》则西观周室，论次史记旧闻，作于获麟之后，非当时教人之学。故《易》与《春秋》，虽经管仲提倡，而孔子以前通之者究无多人也。自孔子定六经之名，然后士得通习，前此盖未有人言六经者。《汉书·艺文志》本于《七略》，凡《春秋》二十三家，《国语》《国策》《楚汉春秋》《太史公》《汉著记》，均在六艺略中，未尝别立史部。迨晋荀勖《中经簿》，经史乃歧而为二。此因史籍过多，不得不离《春秋》而独立，实则史与《春秋》不能相离。太史公作《史记》，即欲上继《春秋》。班固作《汉书》，其于十二本纪亦自称为《春秋考纪》。直至晋、宋，孙盛、习凿齿仍自名其书曰《晋阳秋》、《汉晋阳秋》（晋简文宣太后讳阿春，故改"春秋"为"阳秋"），盖袭用经名者，惟史籍为可，否则扬雄撰《太玄》以拟《易》，撰《法言》以拟《论语》，论者斥为吴楚僭王，而于史家之自称《春秋》，殊无贬词，盖史本《春秋》嫡系也。

刘知几《史通》言，"《尚书》记言，《春秋》记事"。此亦不然。《尚书》亦有记事之文，《禹贡》即记地理，《顾命》即记丧事。盖《尚书》为史法未具之书，集合档案而成之，非专以记言也。故后人作史，法《春秋》不法《尚书》，且法传而不法经，如《两汉纪》及《资治通鉴》皆是。惟王通《元经》，乃自比《春秋经》。其书元年春帝正月，是也。须知《春秋》为鲁史，有周天子在，不得不系正朔于王，南北朝各皆自主，称帝正月何为？又通以祖宗所在国为正统，刘宋时在南，故认宋为正统。齐初迁魏，则以正统予魏。隋代平陈，混一区夏，则称晋、宋、齐、梁、陈亡，此皆酿成笑柄者也。其后朱晦庵法《春秋》而作《纲目》，盖以余力为之，非精心结撰者，且大都为其弟子赵师渊所作。元明之间，颇有继作。至清渐少，实因《春秋》经文不易效法，作史者只可法传不可法经，至《尚书》更无法之者矣。历代史籍，一以纪传为主，与《春秋》亦多异趣。惟本纪、编年，纪录大体，正似《春秋》。若表、志则《春秋》未始有之。故《隋书·经籍志》称《史》《汉》为正史，而以《两汉纪》《晋阳秋》《汉晋春秋》隶古史。盖《史》《汉》大体，虽取法《春秋》，而亦兼涉六经，如《礼志》《乐志》，即取法于《周礼》《仪礼》《乐经》。后代之史，志、表或付阙如，而纪、传一准《史》《汉》。史之应入《春秋》家者，其故在此。

清儒段玉裁谓十三经应扩为二十一经，即加《大戴礼》《国语》《史记》《汉书》《通鉴》《说文》《周髀算经》《九章算术》八种。斯言颇为卓荦。《国语》本在《汉志》经部，《大戴》《小戴》，亦自古并称。《说文》宜与《尔雅》并峙。《史》《汉》《通鉴》为史学典型，其列入经部宜也。惟《算经》《算术》《艺文》不入经部，未宜阑入。然此十九经字数浩繁，学者未易成诵，计十三经共五十余万字，《史记》五十余万，《汉书》八十余万，《通鉴》百三四十万，加以《国语》《大戴》《说文》不啻二十万，合共三百余万字，比十三经字数六倍，诵习者将日不暇给，况二十四史合计三千余卷，段亦仅举其主要者而已。惟史之宜习，吾已不惮烦言，而经史之不必分途，段氏已有独得之见，清儒中盖未能或之先焉。

儒家之入子部，《汉书·艺文志》已然。儒家之言，关于修己之道独多，论及政事者亦不少。孔子言兴于《诗》，立于《礼》，成于《乐》。《诗》《礼》《乐》本以教人修己。一部《论语》，言修己之道更多。今《论语》入经部，实则《论语》为孔氏一家之书，亦儒家言耳。《论语》既入经部，则若《孟》《荀》等无一不可入经部。惟因篇帙太繁，不得不揭称儒家以冠九流之首。后人疑《孟子》不应入经部，如论其源流，实无大背谬也。经兼修己治人，史则详治人而略修己。自《论语》出而修己之道灿然大备，儒之可重者在此。原夫史之记载，多帝王卿相之事，罕有言及齐民。舜虽耕稼陶渔，终登帝位，史亦不能详其初事。周公制礼作乐，而礼犹不下庶人，与齐民修己鲜涉。惟孔子出身编户，自道甘苦，足使人得所效法。夫子之贤于尧、舜，亦其地位使然也。孔子以前，为帝王而立言者实多，为平民而立言者盖寡。东家之邱，人固以细民易之。孔子亦自言吾少也贱，故多能鄙事。其后为委吏为乘田，能会计当而牛羊壮，又《檀弓》南宫縚之妻之姑之丧，夫子诲之髽，则夫子于细民鄙事，能者实多，故能疏食饮水曲肱而枕不改其乐。以历经困厄之人，甘苦自知，言之自能亲切，而修己之道亦因之圆满。其后孟、荀二儒，益能发挥尽致。《汉志》入《孟》《荀》于儒家者，以分部时当然，实则渊源无异也。如此则经史二部，亦固可合于儒。若六经皆史之说，微有语病，因经所含不止史学，即儒家之说亦在其内也。

今教人读经，要在策人记诵，而史传及儒家学说，无不当悉心研究。儒之与史，源一流分，虽儒谈政治，史亦谈政治，而儒家多有成见，渐与史有门户之分。然无儒家，则修己之道不能圆满。而治人之道，欲其运用有方，则儒家亦往往有得之者。孟、荀二公，不得其位，不论。汉初所谓儒者，若叔孙通、娄敬、郦食其、陆贾四人，无不长于应用。叔孙制礼作乐，不失儒家面目。娄敬乃一策士，而定都关中，敬实主之；与匈奴和亲，亦敬主之。郦生虽似迂阔，然能以口舌下齐七十余城，设不为韩信所卖，当亦不至就烹。陆贾说赵佗去黄屋称制，才调与纵横家相近，名之曰儒者，以其本业为儒耳。前此孔子弟子，如子贡之存鲁乱齐破吴霸越，亦纵横家之前驱。后此汉文时之贾谊，才气较前数人为高，而惜不得其位以死。观此数子，则古儒者固多有用之材矣。若专门说经之士，往往乏运用之术。孔子以来，惟吴起、杜预二人为有干略，他若公羊、谷梁与其传授之徒无有以功名显者。又如孔子传《易》于商瞿，中经数传以至汉世，亦无以功业显于当代者。余若传《诗》之高子、孟仲子，传《礼》之高堂生，传《书》之伏生，皆无事迹可见，盖纯粹经师，往往不涉世务，故功业短于儒家。然则经典治人之道，非儒家固不能运用，有赖于儒家者以此。

承平之世，儒家固为重要。一至乱世，则史家更为有用。如《春秋》内诸夏外夷狄，树立民族主义。嗣后我国虽数亡于胡，卒能光复旧物，即收效于夷夏之闲也。孔子作《春秋》，《孟子》《公羊》皆言其事则齐桓、晋文。试问《春秋》之异于旧史者安在？盖以前皆言帝王之道，《春秋》则言霸主之道，故三传无不推尊齐桓，而《论语》且言"微管仲吾其被发左衽矣"。春秋之季，戎夏交捽，若无霸主，将不独伊川之见野祭而已。又观管仲以前，以尧、舜、禹之圣明相继，传至仲康父子，已为夷羿所篡，盖保持中国太平者不过三百年耳。《商书》简略，四夷之事不详；而太王避狄去邠，可见商国之威，亦不能詟服狄人。至文王胜玁狁伐西戎，周公兼夷狄驱猛兽，然后王业以定，国威以立，然不及四百年，而幽王死于骊山之下。逮管仲出，则中国不困于异族者九百余年。盖自齐桓伐山戎救邢卫，其后晋灭赤狄，至战国时，国威益振。秦初灭大荔之戎（在今陕西东部汉之左冯翊），后灭义渠之戎（在今泾阳至宁夏一带），惠王用司马错西并巴蜀；赵武灵王北收云中九原（九原当今榆林至河套云中，在今河套一带）；燕将秦开，却东胡千余里，置辽东、辽西郡，疆土远及朝鲜；楚则庄𫊸兵定滇池。战国之势，制夷而不制于夷，其方略皆有所自来。至秦始皇时，略定陆梁，置桂林、南海、象郡；赵佗更役属瓯骆，至汉时改为九郡（即今两广安南地）；而云南亦于汉武时征服。秦虽残暴，其对外之功，自不可没。汉至宣帝时，西域三十六国，尽隶都护。汉人对于藩国，务握其实权，不若后代之徒求虚名也。西汉自武帝以后，胡人不敢南下。王莽末，中国虽乱，而匈奴始终不能蚕食边地。后汉兵威不及前汉，然班超以三十六人定西域。三国分裂，异族亦不敢内侵，魏武斩蹋顿，司马宣王灭公孙渊，兵威犹震于殊俗。至晋室平吴，骨肉相残，然后有五胡之乱。自管仲至此凡九百余年，递相祖习，使中国有金瓯之势，其泽不可谓不长矣。孔子之服管仲者以此。

吾今称此九百年为霸期,以此九百年中,政令虽有宽猛,大氐皆管仲余势所持也。前乎霸期者,商、周攘夷之功,殊不及此;后乎霸期者,则自两晋以逮隋室,戎夏交捽者几三百年。唐太宗武功极盛,但自隋文平陈至天宝十四年,历时仅一百六十余年;安史之乱,已毒遍中原,继受吐蕃、回纥之侮,异族又骎骎驾中国上矣。其后五代扰攘,李存勖、石敬瑭、刘知远皆沙陀部落,石且以燕云十六州割让契丹。宋兴亦无如之何。河北境土,日蹙日削,勉强支持百五六十年,金人起而汴梁不守矣。南渡偏安,更不足论。及蒙古混一,中国沦于夷狄者八十九年。明之兴,始得光复旧物,其胜于唐、宋者有数端焉:洪武收复辽东,征服云南。永乐更灭安南,改设行省(惜仅二十余年即受黎利之绐许其称藩);使节远至斐州,南洋岛夷,莫不詟服。及土木之变,英宗北狩,而丧君有君,不必为肃宗之即位灵武,亦不至如徽、钦之羁死五国,卒使也先礼送英宗南还。世宗时俺答入寇,终受敕封而去,直至万历季年,群阴构祸,努尔哈赤起,明乃渐以不振。此盖天子守边,人自不得不致死于驱除异族也。(北京东邻辽东,北接热河、察哈尔,异族逼处,非安享太平之地,故明时传云天子守边。)自霸期既毕,能保持攘夷之功者,惟朱明一代而已。霸期以前,西周保持不过三百余年;霸期以后,朱明保持二百五十余年。独此霸期中,保持至九百年,管仲之功真不在禹下矣。孔子作《春秋》，焉得不称齐桓、晋文哉？孟、荀生于中国强盛之时，故小管仲而羞桓文。如生于东晋之后，当亦不言管仲功烈之卑也。儒家对于历史，往往太疏，不综观事之本末，而又有门户之见，故其立论不免失中。孔子作《春秋》，确立民族主义。三传释经，虽有不同，而内诸夏外夷狄之义则一。管仲建此功，孔子立此义，以故中国屡亡，而卒能复兴。是以承平之世，虽有赖于儒家；而国亡再起，非归功于史家不可。今者外患日深，骤图富强，谈何容易？惟有立定民族主义，晓然于非我族类其心必异，本之《春秋》，推至汉、唐、宋、明诸史，人人严于夷夏之防，则虽万一不幸而至下土耗斁，终必有复兴之一日也。

今吾人言读经尊孔，而敌人亦言读经尊孔，鳃鳃者深恐将来为敌人愚弄。吾谓不然。民族意识之凭借，端在经史。史即经之别子，无历史即不见民族意识所在。盖凡百学术，如哲学，如政治，如科学，无不可与人相通。而中国历史，除魏、周、辽、金、元五史，断然为我华夏民族之历史，无可以与人相通之理，故吾人读经主旨，在求修己之道，严夷夏之辨。前此满清入关，何尝不思以读经尊孔，愚弄吾人？玄晔、胤禛，出其雷霆万钧之力，威胁利诱，卒之民族主义，历劫不磨。盖读书种子不绝，《春秋》内诸夏外夷狄之义长在人心，一触即发，何惧乎异族？何畏乎愚弄？若至经史道丧，儒学废绝，则吾炎黄裔胄，真沦于九幽之下矣。

据《国风月刊》第 8 卷第 5 期，1935 年 6 月

＊此为章太炎1935年6月在苏州章氏星期讲演会的演讲，由王謇、王乘六、吴契宁、诸祖耿记录。

关于经学的演讲

无锡于明万历间，有高攀龙、顾宪成二先生提倡理学，崇尚气节，实为东林学派之策源地。化民成俗，裨益于社会者匪鲜。然终无补于明之危亡者，以其化民成俗有余，而谋国事则不足也。今之国势，正与明末相似。居今日而言国学，未有不掩耳疾走者，以国学为迂腐而不足道也。然吾侪治国学者，固不贵空言，而尤重在力行。惟国学范畴颇泛，其归宿之点，要在修己治人是已。昔者吾友桐城马其昶先生提倡国学，著有《三经谊诂》一书，即以《孝经》《大学》《中庸》为教本。余寄书马先生谓以《孝经》《大学》为教本甚当，而《中庸》则有未合，因今日所急需者，辑修己治人之学。《中庸》讲论性命之学，以顺天为归。然顺自然之极，易流入衰颓危亡之途。人类惟有力抗自然，乃能生存。盖《中庸》近于佛法中之天乘（佛法有五乘：天乘、人乘、声闻乘、缘乘、菩萨乘，是也），非当今所急需。今日社会之腐败，皆由不尚气节所致，欲革新社会，非砥砺气节不可。而提倡气节，与讲理学有关。宋代最先提倡气节者为范文正，文正以前如五代之冯道不惟不知非之，且有称誉之者。至范文正后，始斥冯道为无耻，至南宋反以气节为不足道。抑何悠谬！《礼记·儒行》一篇最崇气节。北宋儒者颇重《儒行》，至南宋则有高闶之反对，以为《儒行》为六国时人所作，非孔子书。有宋一代，初由提倡气节而重理学，理学既盛，反以气节为不足道，欲提倡气节，必须重视《儒行》。又《孝经》一书，实为国学之宗，然非具体而为抽象之论，故必须《仪礼·丧服》篇相辅而行。盖《孝经》《大学》《儒行》《丧服》四篇于今最切实用，而均应宝爱。故今日所讲，即以此四者为题。

《孝经》 前人认孝为门内之行，与门外之行无关。实则试观《论语》第二章有子之言，则知本无分于门内门外。有子曰："其为人也孝弟，而好犯上者鲜矣；不好犯上，而好作乱者，未之有也。君子务本，本立而道生。孝弟也者，其为仁之本与！"人无孝弟之心，则犯上作乱，犯上作乱为门外之行。由此可见孝无门内门外之别矣。宋儒以《孝经》非孔子书，而内有曾子云云，谅系曾子弟子所为。书虽非孔子所作，而曾子实传孔子孝道，何容致疑？宋儒因不信《孝经》，而于《论语》有子说孝弟一章亦并非之。以为为人之本惟仁性而已，何能以孝弟为仁之本？其实仁有广狭二义：广义之仁，即为"克己复礼"；狭义之仁，即为"仁者爱人"。爱人根于孝弟之心，未有不能孝其亲，弟其长，而能为仁者也。后汉延笃亦疑此章，以为"孝在事亲，仁施品物"。不知此正与孟子亲亲而仁民之说相合。孝弟为仁之本，古有说此。《管子·戒》篇云"孝弟者仁之祖也"。仁之祖，即仁之本，固非有子一人之言，宋儒以为孔门弟子，欲以有子为师，而曾子非之，有子为人必不如曾子，其言不足置信。怀此成见，以轻视有子，并《孝经》亦轻视之。视汉儒以《孝经》为六经之总会，则大异矣。实则《孝经》与《尧典》"克明俊德，以亲九族；九族既睦，平章百姓；百姓昭明，协和万邦，黎民于变时雍"之道亦正相同。孔子之说本承《尧典》而来。儒墨之分，亦在《孝经》。墨子兼爱而非孝，故遭儒家反对。在今日之言爱国者，何异墨子兼爱之说？所谓爱国者何？即爱一国之人民也。然爱国须由爱家起，爱家须由孝弟起。不言孝而言爱国，仍为妄夸耳。《孝经》文本平易，无烦说解。然有种种异说者，此又宋儒曲解之咎也。其言"身体发肤受之父母，不敢毁伤"，异于曾子所言"战陈无勇非孝也"。其实《孝经》所言，身体发肤，应保养于平日，至战陈时，不可不勇。必如此解，庶于意无碍耳。在孟子以爱亲敬长，即良知良能。后在王学中有罗近溪，亦谓"良知良能"即"爱亲敬长"。窃意孔、孟以多年讲学，未得要领，后方悟以孝弟为仁之本。汉儒亦以《孝经》为六经之总会，致宋人始生异议。《孝经》言修己者多，言治人者少。内分"天子之孝，诸侯之孝，卿大夫之孝，士之孝，庶人之孝"。至今毋庸分此五等，而人人均可以天子自居矣。由内及外，正当从修己做起。

《大学》 《大学》据宋儒所讲都错。不仅讲错，即章次亦多颠倒。致明王阳明有恢复古本《大学》之举，而诋宋儒之讲《大学》为洪水猛兽。因《大学》包涵修己治人之学，如有讲错，即为杀人之本。宋儒讲《大学》最荒谬者，改亲民为新民，与朱子讲"致知格物为穷至事物之理"。其改亲民为新民者，谅见下文有汤之盘铭曰"苟日新，日日新，又日新"。"周虽旧邦，其命维新"，《康诰》曰"作新民"等句所起。汤之盘铭，不过谓"日新其德"而已。《康诰》曰"作新民"，与"周虽旧邦，其命维新"者，因周人于革命之后，欲新殷人之思，想以归服周室。乃就社会变革后之特别情形而言，与新民无关。孟子有"人伦明于上，小民亲于下"之句，《尚书》有"百姓不亲"之语，为政之要，归结与百姓相亲。一在《大学》之前，一在《大学》之后，均讲亲民，未尝有误。朱子解"致知格物"为"穷至事物之理"。颇似今之讲物理学，与正心诚意何关？故王阳明驳之。以为人之一切思想行动，即是物，不必追求事物之理于身心之外。所谓"致知"者，即"致良知"也。"致知格物"者，"致良知以正物"也。然其文句颠倒，且增一"良"字，已失原文本意。郑康成注"格来也"，"知于善深，则来善物"，亦即《论语》"我欲仁，斯仁至矣"之意，本与阳明"知行合一"之理相同。其谓"致良知以正物"，则颠倒误矣。本为物格而后致知，非谓致知而后格物也。故阳明之说，亦为不可通，反不如其门下一不识字之灶丁王心斋所解为通达耳。其谓"格物者即物有本末，致知者即知所先后"也。然其究因读书少，而不明格字之解。《仓颉篇》谓"格，量度也"。格物者，量度事之本末。正心诚意为本，修齐治平为末。能量度物之本末，则知行事之先后矣，故刘蕺山谓王阳明不如王心斋也。后来之清儒，如戴东原辈，讲格物亦不如假道学之李光地（研究天算而谈理学）知取心斋之说。惟余认孝为物之根本，不知孝，则致知二字，仍属空言。故《大学》讲错，即为杀人之本。王阳明斥朱文公，虽不免过甚其辞。依余之见，实因朱子不通格物之字义，强作"穷至事物之理"之言以敷衍之。观朱子虽讲格物穷理之功，而其门徒鲜有通事物之理者。当日陆象山讲格物，虽非如朱子之繁多，实则象山与朱子相同，而阳明独推重象山，实因阳明读书不多，不知上追汉儒以穷鞫之。如信程、朱之说，改亲民为新民，实为杀人之本。所谓新民者何？是为废除旧道德，改用新道德，是正洪水猛兽也！朱子之讲格物犹今之讲物理学也。道德本与事物相抗，如今之时势，崇尚科学，而排斥道德。虽非程、朱所提倡，使程、朱有知，亦将反悔于地下矣。故亲民即为"人伦明于上，小民亲于下"，推本乎孝。格物即为"物有本末，事之始终"。《大学》前后本属一贯，治乱之理，悉具于是。历来政治之隆污，无不与《大学》相应者。亲民格物即为治国之原则，好人之所恶，恶人之所好，人之彦圣，妒疾以恶之，长国家而务财用者，即为亡国之原则。二千年政治之治乱，正如此耳。《大学》所讲从孝亲起以至平天下，修己治人之学，均包括在内矣。

《儒行》　《大学》、《孝经》所讲，修己治人之道胥备。惟无勇气，仍不足以有为。《儒行》所谓"儒"，虽非为圣为贤，然其崇尚气节，合《论语》所谓"士者行己有耻，见危授命，使于四方，不辱君命。见贤思齐，久要不忘平生之言"。虽不足为圣，亦足为仁人矣。不如是不得为仁人，而宋儒深致反对，故其轻视《儒行》。不尚气节而《儒行》中言无过失可微辩，而不可面诉，朱文公解"子路人告之以有过则喜"，谓："仲由喜闻过，今名无穷焉。今人有过，不喜人规，如讳疾而忌医，宁灭其身而无悟也。"然朱文公与陆象山为太极无极一小事之辩，彼此书翰往还，争论激烈，互相诋毁，势将绝交，殊非君子之气度。历来儒家，均犯此过。除孔子、颜子之大圣，为不可及外，即孟子亦不免。孟子每与人辩，均属胜利，唯与淳于髡名实之辩，孟子辞穷，而犹曰"君子之所为，众人固不识也"。可见《儒行》不可面诉一言亦未为过，汉儒均重《儒行》，东汉尤尚气节，与理学之旨相合。北宋范文正首倡理学，及后理学盛，反轻气节，实有负于提倡理学者之初志，故宋亡大臣之学冯道者甚多。讵非反对《儒行》，轻视气节之所致乎？汉苏武使匈奴，被留十九年始还。汉宣帝图功臣于麟麒阁，武亦在内，可见汉人之重尚气节。南宋有洪皓者，其人节概如苏武，使金留十三年乃还，然宋人并不知尊礼，后复以忤秦桧被斥。设日人一旦进灭中国，使汉儒在，决不屈服于日人，若在南宋轻视气节时，则未可知矣。宋儒谓《儒行》非孔子书，即如其言，果非孔子书，或为伪托孔子者所造，但其言之有理，亦足取之，何必问其是否为孔子书也？据予所见孔子对鲁哀公之问，亦在情理之中。哀公为人懦弱无用，优柔寡断，亦正如今日张学良之流。故孔子之言《儒行》于哀公，亦为对症之药，焉知其非孔子书也？

  《丧服》　《仪礼》十七篇中有六礼，惟士丧礼至今大体尚属沿用。据予所见《丧服》中除"尊降压降"二条外，余均尚可通用。尊降压降，为诸侯公卿之礼。自改封建为郡县，即已无所用之，故亦不废而自废。汉儒治《仪礼》者甚多，惟郑康成遍注《仪礼》，康成之前，如马融仅注《丧服》一篇，三国时王肃亦注《丧服》，即蜀之蒋琬亦注之，总观注《丧服》者有十九家之多。吾人能试查《通典》自汉末至唐，讲《丧服》者，可考其详。顾亭林谓六朝人之好处甚多，保存礼法即为一端。盖六朝人尊重丧礼，如陈寿"遭父丧有疾，使婢丸药，为乡党所贬议"。由今观之，不足为异。又如晋惠帝之愍怀太子，为贾皇后毒死，后惠帝明其冤，为之服丧三年。由此可见六朝人之重丧礼矣。父为长子三年，此礼致明方废。《丧服》历唐至宋不废，明人遵行《丧服》犹较清人为重。惟《丧服》历代有所改变，至清则大误矣。自汉末至六朝，均依《仪礼》无甚出入。唐人始改父在为母齐衰三年。在《仪礼》有曾祖服，而无高祖服。唐人加高祖之服三月，曾祖改为五月。其不改者，如妇为舅姑，父为长子。至宋则妇为舅姑，与子为父同，其误因唐末礼渐不明。妇为舅姑，原为一年除服，惟除服后仍服青缞。照唐《开元礼》，妇为舅姑与为长子同。其后以女可从男服。至五代，妇从子服。当时刘岳《书仪》即改正之。宋初或言丧服应从唐旧，惟魏仁浦言妇子应同服。言子居苦块之中，妇服绮纨之服，不合情理。不知古人苦块，在未葬之前。丧服有变除，三月既葬，即不在苦块。期年即外寝，大祥即禫服。期年后，子已不在苦块之中。青缞亦非绮纨之服，仁浦皆不知，遂改妇与子同服矣。子为父惟有斩衰（斩衰下边不缉）而无齐衰。古人重父轻母，女子不贰斩，出嫁后为夫斩衰。子为父为斩衰，为长子亦为斩衰，明太祖改之。古人丧虽同服，而有降服、正服、义服之别。出嫁之女，为父为降服。（同斩衰，而麻有粗细不同；《丧服》记"为父三升，二百四十缕"。）父在为母为降服齐衰四升（三百二十缕）；臣为君为义服（三升半）；妇为舅姑为义服（六升）；子为父及为自己兄弟为正服（兄弟期服五升），各有不同父为长子斩衰系义服，与为父斩衰亦有粗细之别。明人则以降服、正服、义服一并废之，实为明人最荒谬之举。明人即无"父为长子斩衰"之服。又如古人为庶母惟缌衰三月，明太祖因爱沈贵妃之故,沈贵妃死,太祖命懿文太子服齐服杖期,太子难之。太祖问礼官,答以古庶母缌衰三月。太祖恨之,照古礼加四等,越小功大功而为齐衰。古人惟"父在为母齐衰杖期",与出母亦为齐衰杖期,余无齐衰之服。《丧服》慈母与母同,母死,庶母无子,父命之抚育,恩比生母,故与母同。无父命者,仅加一等为小功,至明人庶母与慈母同。又如殇服,古分长殇、中殇、下殇,古人以年二十成冠。(十九至十六为长殇,十五至十二为中殇,十一至八岁为下殇。)以其未成人,改常服降一等为大功。常服有变时,惟殇服无变时,无变者,以其已降服矣。服虽降而恩重比于成人,明人废之,实属荒谬。清人无定制,其初服沿明旧。道光时,又行《大清会典》,古人以女子出嫁,为父降为祖不降,《大清律例》尚如此。大功小功,在《丧服》记为兄弟之服。古人不敢以兄弟之服服祖,《丧服》记仅言为人后者为父母降服,不言降祖。唐《开元礼》以下至明仿之,至《大清会典》祖降为大功,曾祖降为小功,高祖降为缌麻。考《丧服》有至尊旁尊之分,不知《会典》之降服将以为至尊乎?抑以为旁尊乎?旁尊则无服,至尊则不敢降,其谬误甚矣。《仪礼》《丧服》历代相沿,自宋一改,至《大清通礼》则全误矣。今人讣闻虽载"遵礼成服",实已不知何者为礼矣。今日欲用《丧服》除删尊降压降二条外,即可通行。除《丧服》外,唐《开元礼》尚可勉强应用。因唐人知礼者甚多,虽有改变,尚非有误。宋礼为魏仁遀所定，仁遀原不明礼。明礼为明太祖所自定。清人本无礼制，至《开元礼》虽非古礼，然大体尚与古礼相合。故今日欲保存中国之礼法，当留意于《丧服》与《开元礼》二者。

讲国学当以《孝经》《大学》《儒行》《丧服》四书为统宗。四书所讲，均为修己治人之道，综合四书不过万余字。即欲熟习，亦非难事。此外群经亦须讲习。而四史（《史记》《前汉书》《后汉书》《三国志》）尤为立国之本。今日人嚣嚣以东三省非中国领土，查满州于汉为辽东郡，明则于辽宁一省，置辽东都指挥司于辽东。其组织如今之特别区域，在国联大会之颜惠庆不明东三省是否为中国领土，电讯马相伯，马相伯讯之于予，予抄此二条示之。译成英文，载诸《大陆报》，外人见之，始悟满州早属中国领土。中国人不明中国之历史地理，岂非可笑？故历史地理之学，实为立国之本。明日当为诸君再讲四史以明其为立国之本也。

据《国专季刊》第1期

*此为章太炎1933年5月在无锡国学专门学校的演讲，由张如愈、翁衍桢记录。

论读经有利而无弊

居今而言读经，鲜不遭浅人之侮，然余敢正告国人曰："于今读经，有千利无一弊也。"兹分三段论之：

一、论经学之利；

二、论读经无顽固之弊；

三、论今日一切顽固之弊，反赖读经以救。

一、所谓经学之利者，何也？曰儒家之学，不外修己治人，而经籍所载，无一非修己治人之事。《论语》"兴于诗，立于礼，成于乐"；又"不学诗，无以言；不学礼，无以立"，皆修己之道也。《周易》爻象，太半言修己之道，故孔子称"五十以学《易》，可以无大过"。夫修己之道，古今无二，经籍载之，儒家阐之，时有不同，理无二致。孔子以后，儒分为八，论其归趣，不相乖违。孟、荀二家，论性有别，而祁向攸同。厥后汉儒重行，宋人尚理，或实事求是，或旁参佛、老，要之，不能不以经为本。是故无论政体如何改易，时代如何不同，而修己之道，则亘古如斯；治人则稍异，古今异宜，习俗不同，不得不斟酌损益，至于尽善。吾人读二十五史（《史记》至《清史稿》），法其可法，戒其可戒，非语语尽可取也。《尚书》《周礼》《春秋》，性质与历史为近，读之亦当如是。夫读史之效，在发扬祖德，巩固国本，不读史则不知前人创业之艰难，后人守成之不易，爱国之心，何由而起？

经籍之应入史类而尤重要者，厥维《春秋》。《春秋》三传虽异，而内诸夏外夷狄则一，自有《春秋》，吾国民族之精神乃固，虽亡国者屡，而终能光复旧物，还我河山，此一点爱国心，蟠天际地，旁礴郁积，隐然为一国之主宰，汤火虽烈，赴蹈不辞，是以宋为元灭而朱明起，明为清灭而民国兴。余身预革命，深知民国肇造其最有力者，实历来潜藏人人胸中反清复明之思想也。盖自明社既屋，亭林、船山诸老倡导于前，晚邨、谢山诸公发愤于后，攘夷之说，绵绵不绝，或隐或显，或明或暗，或腾为口说，或著之简册，三百年来，深入人心，民族主义之牢固，几如泰山磐石之不可易，是以辛亥之役，振臂一呼，全国响应，此非收效于内诸夏外夷狄之说而何？方今天方荐瘥，载胥及溺，诸夏阽危，不知胡底。设或经学不废，国性不亡，万一不幸，蹈宋明之覆辙，而民心未死，终有祀夏配天之一日。且今日读经之要，又过往昔，在昔异族文化，低于吾华，故其入主中原，渐为吾化，今则封豕长蛇之逞其毒者，乃千百倍于往日，如我学人，废经不习，忘民族之大闲，则必沦胥以尽，终为奴虏而已矣。有志之士，安得不深长思哉！要之，读经之利有二：一、修己；二、治人。治人之道，虽有取舍，而保持国性实为最要。

二、所谓读经无顽固之弊者，何也？曰经学本无所谓顽固也。谥经学以顽固，盖出诸空疏不学辈之口，彼略识点画，苦于九经、三传之不尽解，而又忝拥皋比，深恐为学子问难所穷，故尽力抹杀，谥以顽固。少年浮躁，利其便己，从而附和，遂至一世波靡，良可愤叹。夫经史本以记朝廷之兴废，政治之得失，善者示以为法，不善者录以为戒，非事事尽可法也。《春秋》褒贬，是非易分，而《尚书》则待人自判，古所谓《书》以道政事者，直举其事，虽元恶大憝所作，不能没也。例如《夏书·五子之歌》序谓"太康失邦，昆弟五人，须于洛汭，作《五子之歌》"。此文已佚，而伪古文有之，载五子作歌之意，甚见忠正。段玉裁《古文尚书撰异》谓"《尚书》不当以歌名篇，盖五子者，当时之亡国大夫也"。屈原《离骚》"启九辨与九歌兮，夏康娱以自纵；不顾难以图后兮，五子用失乎家巷"。《楚语》"士亹曰：尧有丹朱，舜有商均，启有五观，汤在太甲，文王有管、蔡，是五王者，皆元德也，而有奸子"。韦昭注："五观，启子，太原昆弟也。"观，洛汭之地。据此，则《五子之歌》者，五子往观耳。之，训往；歌、观，声通，故讹也。太康为失国之君，五子为致乱之臣，道太康以畋游者，即此五人，史臣书之，一如《晋书》之纪惠帝与八王耳。又《胤征·序》谓"羲和缅淫，废时乱日，胤往征之,作《胤征》"。《史记·夏本纪》谓,"《胤征》,仲康时作"。伪孔传言"羿废太康而立其弟仲康"。孔颖达正义谓"仲康不能杀羿,必是羿握其权"。然则《胤征》者,羿令之正也。羲和为掌日之官,故后世有后羿射日之说,此事与曹操之灭袁绍、吕布,司马昭之灭诸葛诞无异。《尚书》录之,一如《后汉书》《三国志》之记曹氏、司马氏之事矣。兴废大端,不得不载,岂尽可为法哉?孟子曰:"吾于《武成》,取二三策而已矣,以至仁伐至不仁,何其血之流杵也?"《武成》今佚,据《汉书·律历志》所引,文与今《逸周书·世俘解》略同。观其所言,知"武王伐纣,杀人盈亿"。语虽过甚,要之,总不能尽诬,此与后之项羽伐秦何异?秦已无道,而羽之烧宫室、坑降卒,毒螫所及,更甚于秦,此岂可以为训?而史官书之,所以然者,兴废大端,不得不载也。苟有是非之心,不至如不辨菽麦之童昏,读之无有不知抉择者,孟子言之甚明,何谓读经必致顽固哉?

若夫经国利民,自有原则,经典所论政治,关于抽象者,往往千古不磨,一涉具体,则三代法制,不可行于今者自多。即如封建之制,秦、汉而还,久已废除,亦无人议兴复者,惟三国时曹元首作《六代论》,主众建诸侯,以毗辅王室;及清、王船山、王昆绳、李刚主等亦颇以封建为是,此皆有激而然。曹愤魏世之薄于骨肉,致政归司马;王、李辈则因明社覆亡,无强藩以延一线,故激为是论,若平世则未有主封建者矣。余如陆机《五等论》,精采不属，盖苟炫辞辩，而志不在焉，则不足数已。其次世卿之制，自《公羊》讥议以后，后世无有以为是者。唯晋世贵族用事，盖以九品中正定人材，其弊至于上品无寒门，下品无世族，自然趋入世卿一途，然非有人蓄意主张之也。二千年来，从无以世卿为善而竭力主张之者，有之，惟唐之李德裕。德裕非进士出身，嫉进士入骨，以为进士起自草茅，行多浮薄，宜用仕宦子弟以代之，此则一人之私念，固未有和之者也。又如肉刑之法，自汉文帝后，亦无人昌言复古，王符、崔寔、仲长统之流，颇主严刑，诸葛武侯治蜀，亦主严峻，然均未及肉刑也。惟魏之钟繇、陈群，尝议复之，然群制定魏律，终亦不主肉刑，足知一时之论，亦自知其不可行矣。又如井田之制，秦、汉而后，惟王莽一人行之，诏以天下田为王田，禁民间不得卖买，然卒以致乱。若宋时张子厚行之于乡，要为私人之试验，非朝廷之定制。清初，颜李派之王昆绳、李刚主辈，亦颇有其意。余意王、李辈本以反清为鹄，其所云云，或思借以致乱，造成驱满之机耳。以故满清一代，痛恶主张封建、井田之人。总计三千年来，主张封建、世卿、肉刑、井田者，曹元首、王船山、王昆绳、李刚主、李德裕、钟繇、陈群、王莽、张子厚九人而已。此九人者，除王莽外，或意有偏激，或别含作用，固不可尽斥为顽固；就云顽固，二千年来，亦不过九人而已。

此外尚有一事足资讨论者，则什一之税是已。按十一而税，《春秋》三传及孟子之书，无不以为善制，《公羊》言什一行而颂声作，孟子谓"轻则大貉、小貉，重则大桀、小桀"，以为什一而税，乃税则之中。然汉初什五而税一，文、景减赋，乃三十而税一，自兹以还，依以为准，即今苏、松赋税，最为繁重，然与全国轻税之地平均计算，亦无过三十税一者。（其预征田赋至民国五十年之类之非法行为，破坏国家定制，则未可以为例。）故自汉后税法观之，则什一之税，已为大桀、小桀，前代尊信孟子，不敢昌言驳议，多泛泛释之，然亦从无主张是者，有之，惟王莽一人而已，莽亦卒以致乱，后人引以为戒久矣。

举此五事，以见古今异宜，凡稍能观察时势者，盖无人不知，何得谓读经即入顽固哉？且自明至清末，五百四十年，应试之士，无不读经者，全国为县千四百有余，县有学府，州又有学，为数不下一千六百区，假定每学有生员二百名，以三十年新陈代谢，则此五百四十年中，当有五百四十万读经之人。试问其中主张封建、世卿、肉刑、井田、什一之税者有几人哉？上述九人，生明代以后者，仅三人耳。试问此三人之力，能变易天下之耳目耶？能左右政治之设施耶？况其云云，复各有作用在乎？夫无证验而必之者，非愚即诬。今谓读经为顽固，证于何有？验于何有？且读经而至于顽固，事亦非易，正如僧徒学佛，走入魔道者，固不数数见也，何为因噎废食而预为之防哉？

三、所谓今日一切顽固之弊，反赖读经以救者，何也？

曰有知识之顽固者，泥古不化之谓也；有情志之顽固者，则在别树阶级，不与齐民同群，声音颜色，拒人于千里之外也。夫知识之顽固易开，而情志之顽固难料，信如是，则今日学校毕业之士，其能免于顽固之消者几希！吾观乡邑子弟，负笈城市，见其物质文明，远胜故乡，归则亲戚故旧，无一可以入目。又，上之则入都出洋，视域既广，气矜愈隆，总觉以前所历，无足称道，以前所亲，无足爱慕，惟少数同学，可与往还，舍此，则举国皆如鸟兽，不可同群，此其别树阶级，拒人千里，非顽固而何？昔日士人，涵泳诗书，胸次宽博，从无此等现象，何者？"君子忧道不忧贫，士志于道，而耻恶衣恶食者，未足与议"；"衣敝缊袍，与衣狐貉者立而不耻"（均见《论语》），此等言语，濡染既久，虽慕富贵，患贫贱之心不能遽绝，而自有以维系之也。若夫盐商子弟，无过人之才，恃钱刀之力，纳赀入官，小则州县，大则道员，顾盼骄人，俨然自命为官长，此最顽固之甚者，而人之嗤之者众矣。然如此者，为数亦不甚多，非若今之学校，每年必铸造数千百人也。非直如是，今者新奇之说，流为格言，日驱人于顽固而不返者，曰"发展个性也"，曰"打倒偶像也"。发展个性，则所趣止于声色货利，而礼义廉耻一切可以不顾；打倒偶像者，凡一切有名无形者，皆以偶像观之，若国家，若政治，若法律，若道德，无往而非偶像者，亦无往而不可打倒者。洵若是，则于禽兽奚择焉？世以是乱，国以是危，而种族亦将以是而灭亡矣。今学校之弊，既至如此，而国家岁费巨亿，以育人材，卒造成特殊之盐商子弟，长此以往，宁堪设想？论者不自病其顽固，而反惧经学之致顽固乎？

余以为救之之道，舍读经末由。盖即前者所举《论语》三事，已可陶熔百千万人。夫如是，则可以处社会，可以理国家，民族于以立，风气于以正。一切顽固之弊，不革而自怯，此余所以谓有千利无一弊也。质之诸君，以为然耶、否耶？

        据《大公报》1935年6月15－16日

＊此为章太炎1935年4月在苏州章氏星期演讲会的演讲，由王謇等记录。

再释读经之异议

读经之要，前既详言之矣。而世人复有不明大义，多方非难者。夫正论不彰，异议乃滋，深恐歧说恣行，有误后进，不得已复为此讲。此讲约分三端：

一、驳国家开创之初无须经学，经学兴于衰世，且讲经学者多行为不端之谬。

二、斥胡适以经训不甚了然，谓我们今日还不配读经之鄙。

三、释读经应遵古文乎，今文乎之疑。

今逐条剖析如左：

一、国家开创之初，固自不赖经学。盖开创恃兵，兵略自有专家，非经训所能为力。昔叔孙通背楚归汉，汉王方蒙矢石争天下，通所进者，皆群盗壮士，其徒因窃骂。通曰：诸生宁能斗乎？（见《史记·叔孙通传》）由此可知士人苟不能执干戈，列行伍，自不能与开创之业。非徒经学鲜用，亦正不须用普通大学之讲义也。观民国开创之初，曾用大学讲义否耶？经学本非专为开创国家，其所包含，固甚远大，不应以一端限之。如云开创不用经学，即谓经学无用，然则大学讲义，果有用否耶？草泽英雄，与陆军大学生，作如此说，尚不足怪。彼身居普通大学而为此言，岂非作法自毙乎？若谓经学之兴，皆在衰世。此亦非实。汉文、景时，国势艾安，虽用黄老，已知命晁错受经于伏生。武帝时，立五经博士，经学大盛，国势亦蒸蒸日上。如云汉武阳用经术而阴则背之，亦未见其然。汉武制礼作乐，虽属装点门面，然汉自高祖至武帝初年，宰相皆列侯任之，绝无起自民间者，武帝拔公孙弘于布衣之中，一反以前相必列侯之局。弘之为人，虽不能比伊尹、傅说，然规模实胜前相。夫废世卿，举侧陋，安得谓与经术无关？岂可云汉武所为皆伪也？至宣帝时，石渠议礼，经术大兴，而宣帝教子之言，云汉家自有制度，本以霸王道杂之。（见《汉书·元帝纪》）王者周政，儒学之常法，霸者汉律，施行之权宜。宣帝不纯用儒术，然云杂之，则固用其半矣。及元帝柔仁好儒，世以为汉衰之兆。其实元帝时膺惩戎狄，威力尚盛。陈汤斩郅支单于，即在此时。夫国之兴衰有二：一为内政之衰，其果则权臣篡窃；一为国力之衰，其果则异族侵凌。秦用法律，汉用经术，其后皆为本国人所亡，亡者独在嬴氏、刘氏，斯乃一家之衰，非全国之衰也。是后唐用经术，国势亦自开张，孔颖达等定《五经正义》，在贞观全盛之时。今有意抹杀，猥谓明皇注《孝经》而唐即中衰，不思明皇注《孝经》，乃偶然之事，较之定《五经正义》，巨细宁止天渊？何以不举前事独举后事邪？且明皇之失国,自由内任权奸,外信蕃将使然,究与注《孝经》何涉?以注《孝经》卜唐之衰,是即《五行志》灾异之说,岂可用哉?宋立学校,在仁宗时,胡安定辈即于是时显名。若宋之衰,则在神宗以后,仁宗时固未衰也。明用《五经》取士,末世虽时起党争(神宗以前尚无党争),然东林与非东林之争,其鹄的在政治,不在学术。即不用儒术,政治上之事实具在,当时亦必引起争端。近观民国初载,国会议员之争,亦甚剧烈矣,斯岂因经学致然?然则,明之亡,虽由于党争,而党争本无关于经术、儒术也。余详察全史,觉提倡经学致国势衰颓,实为子虚乌有之事。不知今之人何所见而云然?至于人之操行,本难一致,无论提倡何种学说,其流有善士,亦必兼有凶人。评议之士,不应以一人之操行不端,抹杀诸多善良之士。汉重经术,在位之人,固有匡衡、张禹、孔光辈之阘茸无能,然亦有魏相、师丹之守正不阿。今人乃举明末洪承畴、钱谦益事,以归咎经学,无论洪与钱皆无当儒术,即以为儒,亦岂能以一二人之短,掩数十百人之长哉?洪承畴以知兵任用,稍有历史知识者皆知之,不知何所见而称之曰负理学重望也?钱本文人,不事经学,即以钱论,其人自身失节则信矣,而明之亡也,岂钱氏为之哉?况钱之弟子瞿式耜、郑成功等,亡国之后,志节皎然,尚能支持半壁,与胡清相抗,何以但论钱氏而遗瞿、郑乎?昔西晋之末,人人皆遗弃《六经》,务为清谈,致西晋之亡者,王衍之属也,何以又讳而不举耶？总之，经学于开创之初，关系较少，而于光复之关系则深。此意前已明言，若无《春秋》夷夏之防，宋亡则朱明不能起，明亡则民国不能兴矣。

上所云云，多就消极方面言之。至于积极方面，儒者身居上位，而功业卓著者，亦难更仆。约举之，则西汉宣帝时，魏相以明《周易》显闻，卒能废黜霍氏，致中兴之盛。哀帝时，师丹虽无大效，然守正自持，四方瞻仰。后汉袁安，始则平反楚狱，后则力抗窦氏，为世所称。其后杨震、杨秉、杨赐，三世立朝，皆称清正，震尝有"关西孔子"之目。安帝以后，外戚、宦官，更互用事，其能独立不倚，使正人犹有所恃者，非杨氏三世之力乎？三国时魏、蜀任法，吴独任儒，顾雍德量，殊绝于人。陆逊反对先刑后礼，武功卓著而外，亦以相业见称。此后南北纷争，无足称述。至唐，魏徵以儒家佐太宗成太平之业，观徵所著书，《群书治要》而外，因《小戴礼》综汇不伦，更作《类礼》二十篇，盖纯乎其为经术之士也。尝侍宴，太宗奏破阵武德舞，徵俯首不顾，至庆善舞，则谛玩无致。又，太宗宴群臣积翠池，酣乐赋诗，徵赋西汉，其卒章曰："终藉叔孙礼，方知皇帝尊。"太宗曰："徵言未尝不约我以礼。"（均见《唐书》本传）其以儒术致太平，厥功最伟。其后则有杨绾，以清德化俗，郭子仪在邠州行营，方大会，闻绾除平章事，即散音乐五之四，其他闻风而靡者，不可胜纪。（见《唐书》本传）惜为相数月即卒，致有天不使朕致太平之叹。其后陆贽亦以儒术相德宗，所传奏议，人称"唐孟子"。德宗两度蒙尘，如无陆贽为之斡旋，恐已覆于朱泚、李怀光之手矣。其次，复有一人，勋业虽不逮上列诸公，而支持残败，不为无功，则郑覃是也。覃相文宗，以经术治国（唐石经即覃所立），甘露之变，仇士良尽诛宰相，覃起继之，士良不致大为患者，覃之力也。若宋时赵普以半部《论语》治天下，语或欺人，可以不论。而李沆为相，常读《论语》，或问之，沆曰：沆为宰相，如《论语》中节用爱人，使民以时，尚未能行，圣人之言，终身诵之可也。（见《宋史》本传）宋初之治，李沆之力最多。沆所行与曹参为近，人或上书言事，沆多罢之，然参本黄、老，沆本《论语》，则所宗稍异矣。李沆之后，则有范文正仲淹，文正以气节开理学之先，才兼文武，尚未能终其用，其所奖拔之富弼，亦于外交有力。其后温公司马光出，本经学儒术，为时名相。惜居位日浅，不及一年而卒，未能大展其学。至明，相之贤者，首推三杨，然皆文士，无关儒术。孝宗时，刘健与徐溥、李东阳并称贤相，而健功更高。孝宗一代之治，健之力为多。其后徐阶以王学绪余，卒覆分宜，取嘉靖四十余年之苛政，一切改从宽大，人有中兴之颂。后之论者，虽归功张居正，实则徐阶导其先路。况居正又徐阶所引进者耶？

以上历举深明经义，通达儒术之贤相十有八人，西汉则魏相、师丹，东汉则袁安、杨震、杨秉、杨赐，吴则顾雍、陆逊，唐则魏徵、杨绾、陆贽、郑覃，宋则李沆、范仲淹、富弼、司马光，明则刘健、徐阶。此十八相者，天才有高下，际遇有盛衰，在位有久暂，然每一人出，必有一人之功用。其功烈最伟尤足称道者，治致太平，则魏徵、李沆、刘健；拨乱除佞，则魏相、徐阶；支持残败，则陆贽、郑覃、司马光。岂得谓明经术者皆无用哉？外此，不在相位而立大功者，则有魏之吴起，晋之杜预，明之刘基、王守仁、唐顺之等。吴起受业曾子，又传《左氏春秋》，虽行义未醇，而政治兵事，皆为魁桀，惜所辅非一统之主，遇谗被杀，卒未大显。杜预专治《春秋》，人称"左癖"，而平吴之功，为晋代开国之基。宋之理学，永嘉、永康两派合流而成有明开国之刘基，基之功，尽人所知，无待赘论。其以理学兼战功之王守仁，与夫继承王学平定倭寇之唐顺之，亦皆赫赫在人耳目。儒家之不在相位而著功绩者如此，又乌得谓其全无用哉？外此，复有经术通明，而仕未大遇者。汉则有贾谊、刘向、龚胜、龚舍，文帝如用贾谊之言，决无七国跋扈之忧。成帝如用刘向之言，决无王氏代兴之变。龚胜、龚舍，不仕王莽，节概亦高。唐则刘蕡，深于《春秋》三传，虽未及第，观其对策，危言切论，深中时病，使文宗用之，必不致有甘露之变。宋则有陈傅良、叶适、魏了翁诸贤，当时果重用陈、叶，南宋犹可复兴，决不致奄奄以尽。魏了翁位高而未亲，亦不能尽其怀抱。如能重用，亦陈、叶之亚矣。如此，儒家之有效者，不下三十人。乌得概以无用诋之？又安得以失节相诬耶？其他不以儒学名家，而有为之士亦多。借问若辈所读何书？亦曰经史而已。以故，但举明末降清之洪、钱二人，以诋儒术，若非有意加诬，则多见其识之陋耳。以上释第一条竟。

二、胡适素未从事经学，然亦略窥高邮王氏《经传释词》《经义述闻》《读书杂志》数书。高邮解经，虽称辨察，要亦未能穷竟。胡适据王国维之言，以为《诗》有十之二三不能解，《书》有十之四五不能解。不能解如何可读？如读，非待全解不可。于此余须问胡适者，如适之言，以为高邮王氏配读经耶？抑不配耶？在高邮诸书既出以后，经文可解者十之七，未出以前，可解者未能及十之五，然高邮当时，未尝曰我不配读经也，奋志为之，成绩遂过前贤远甚。使高邮亦曰我不配读经，则亦终不能解矣。何也？文史之学，本须读过方解，非不读即能遽解也。初，念孙十余岁时，其父聘东原戴氏为师，授以经籍，当时东原教此未冠小生，当然卑无高论，是以东原在日，高邮尚无所知名。及后自加研究，方能发明如此。昔人云：舜何人也，予何人也，有为者亦若是。士苟有志，岂可以通儒之业，独让王氏哉？王国维金石之学、目录之学，粗知梗概，其于经学，本非所长，仅能略具常识而已。其人本无意治经，其言岂可奉为准则！正使国维已言不配，若非自甘暴弃，则亦趣向有殊耳。奉以为宗，何其陋也？要之，说经如垦田然，三年然后成熟。未及三年，一年有一年之获，二年有二年之获。已垦二年，再加工力，自然有全部之获。如未及三年而废，则前之所垦，复归芜弃矣。今袭前人之功，经文可解者已十之七，再加群力之探讨，可解之处，何难由七而至八，由八而至九至十哉？高邮创立其法，而有七成可解。今人沿用其法，更加精审，益以工力，经文必有尽解之一日。设全国有一万人说经，集百人之力，共明一条，则可解者已不少矣。假以时日，如垦田之垦熟过半，再加努力，不难有全部之收成。如已垦二年，所收不过一石，即曰我不配垦田，岂非怠惰已甚乎？《记》曰："善学者如攻坚木，先其易者，后其节目。"人之精神时日，自有限制，以高邮父子之老寿（念孙九十、引之七十余），其所著书，尚不能解释全经，则精神限之也。然其研究之法具在，喻如开矿，高邮父子因资本不足，中途停顿，后人以资本继之，自可完全采获。如胡适所举杨树达，已有见端。余虽不及前人，自计所得，亦已不少。况全国学人之众哉？若夫运用之妙，本不待全部了解而后可，得其绪余，往往足以润身经国，如垦田然。非待三年全部收成之后，始堪炊食。得三分之二，或三分之一时，亦尽可为炊而果腹也。庄子曰："鼹鼠饮河，不过满腹。"胡适宁不知此！以上为正告有志研经之士而言。

　　复有为一般人识字而说者，夫读经非止求其义，亦必审其音，所赖《经典释文》作音正确，即宋儒释经，义或粗疏，而音亦无大误，是以前代老生，略称识字者，皆赖读经之功。若散漫求之，虽标音满纸，当时识之，少逝即遗忘矣。胡适自言我们今日还不配读经，余以为惟其如此，故今日不得不急急读经。我们今日还不配读经一语之下，应补足一句，曰以故今日不得不急急读经。不然，他人纵不配读全经，亦尚配读《毛诗》一句，而胡适于此，恐终身有望尘弗及之叹矣！以上释第二条竟。

三、读经依古文乎，依今文乎？此一问题，不待繁言而解。如论事实求是，自当依古文为准。然今文经传之存于今者，《公》《谷》而外，仅有《孝经》。《孝经》今古文之异不可审知。古文既亡，自然不得不取今文矣。其余杂糅古今文者，则有《论语》（今《集解》本古、齐、鲁、杂）。文虽小异，而大义不至僢驰。《仪礼》亦杂古今文，更于大义无害。若《周易》则用王弼本，弼本费氏。《汉书·艺文志》谓刘向以中古文《易》校施、孟、梁丘经，或脱去无咎悔亡，惟费氏经与古文同，则王弼本亦古文之遗也。《毛诗》向称古文，其书不出壁中，而云古文者，《小序》述事，与《左氏》相应。传中陈述制度，又与《周礼》相应。是所谓古文说耳。《诗》本赖讽诵上口以传，别无古文真本，但取其为古文说可也。《周礼》《春秋》《左氏》皆古文，《尚书》真古文不可见，今文亦不可见，然伪孔本文多依三体石经，说多依王肃，与今文全不相关，故《尚书》去其伪篇，虽非真古文，亦可谓准古文也。此外《小戴礼记》四十九篇，兼采今古，而文字依今文者多。然《仪礼》今存十七篇，天子诸侯之礼，大氐无存，而时于《戴记》见之，不能以其为今文而不采也。今问读经当依古文乎，今文乎？余则谓古文固当遵守，即古今杂糅者，亦有礼失求野之用，况分别古今，研究派别，乃大学之事，不与中学读经同时乎？以上释第三条竟。

祖耿案 先生此称第一、二段，专为胡适、傅孟真而发，读者参阅《独立评论》第一四六号，自能判别泾渭，知所适从。至第二段末有词锋过峻处，已请于先生，改从婉讽矣，读者当以意求之。五月二十日，诸祖耿录后附言。

　　据《章氏星期讲演会记录》第 5 期，1935 年 5 月
　　＊此为章太炎 1935 年 5 月在章氏星期讲演会上的演讲，由王謇、王乘六、吴契宁、诸祖耿记录。

"经义"与"治事"

到这里来，才知道这里是范文正、胡安定讲学之所，在时间上有久长的历史。全国学校像这样有久长的历史的，恐怕数目不多，因此引起我浓厚的感想。

在苏州前辈先生中，范文正当然是第一流人物。所以这次我来讲学，首先提出范文正、顾亭林两位先生，作为立身行己为学做事的标准。此地是范文正、胡安定"过化存诚"之所，当然更须提出来特别讲讲。

当时范文正请胡安定到这里来办理教育，安定首先提出"经义""治事"两项作为为学的方针，何以不提出"修身"来讲一讲？依我揣测，"经义"可以包括"修身"；就"治事"而论，亦非"修身"不可；所以只须分讲"经义""治事"两项便好了。

原来学问类别，不外"经义""治事"两项。"经义"所包甚广？史学亦包括在内，可以说"经义"即是学问全部。至于"治事"，便是所谓办事。有了学问，当然非托之空言，要在见之实行。所以"治事"一项，亦很重要。后来亭林先生对于这两项，可以说兼擅其长；以后的学者，便不能两者俱备了。苏州的经学,向来有名,惠氏父子,可以作为代表;"治事"像冯桂芬之流,亦还可以。不过他们都不能兼擅两者,惠氏只知治经,其余一切不管;冯氏只知在地方上兴利除弊,对于国事,不加过问。这都是他们的短处。当时安定设教,对于"经义""治事"两项,究竟办法如何?现在无从考见。大约"经义"方面,口说的多,成文的少,所以说经之文不传,传的亦不十分精博。"治事"方面亦无特别事项,给我们知道。只知道他对于礼节的训练非常严厉,记得徐仲车(积)初见安定,头部微微带一些倾侧,安定马上厉声对他说:"头容直。"仲车由此凛然,悟得非但头容要直,心亦要直,这种情形,亭林还有一些儿气味。至于惠、冯,无论"经义""治事",都在书本上着力,见之于行事的,已不甚多;对于身心修养上的种种,更不遑顾及了,现在的时世,和往昔不同。但是,所变换的,只是外表的粗迹,至于内在的精义,是亘千载而没有变换的。所以,古未必可废,所看重的,在善于推阐。假使能够发挥他的精义,忽略他的粗迹,那末,以前种种,未必无补于现在。

一般人的意见,往往把经学、史学分而为二。其实经是古代的史书,史是近代的经书,二者本来是一致的。我们之所谓"经",当然和耶、佛、天方不同。我们之所谓"经",等于现代一般人所说的"线装书"。线装书上所记载的是非美恶、成败利钝,在在和现在有关,我们不得不去注意。《尚书》当然是史；《礼》经、《乐》书，等于史中之志；《春秋》便是史中纪传，不过当时分散各处，体例未备，到司马子长作《史记》，才合而为一，有纪有传，有志有书。所以，史即经，经即史，没有什么分别。现在我们假如单单讲经，好像没有用处；单单讲史，亦容易心粗气浮。所以，我的意思，非把两者合而为一不可。研究经的方法，先求训诂文义，进一步再探求他事实上的是非得失。至于如何应用？那末，运用之妙，存乎一心，在于各人的自得。而且时势不同，应付亦异，这是讲不了的。

在现在学校制度之下，经能讲，史不能讲。这因为学校制度根本不完善的缘故。经的书本少，讲来还不困难；但是在现在的大学里面，还只能讲一些概论之类。至于史，总数几乎二三十倍于经，卷帙繁多，如何讲得，于是不得不取巧一些，讲一些研究法。其实这根本是欺人之谈。试问未看全书，所谓研究，何从说起？我以为史的文理易明，不像经的训诂难通。费三年之功，一部廿四史，即可看全。这一门，宜于自修，不宜于讲堂上讲解。所以，我以为现在学校，有两件事应当认真去做，一是由学生自修，一是请教师讲解。一种学问，先后有条理可寻，非先通一关，第二关决难通过的，这一种，非请教师讲解不可，譬如各种科学，以及以前所谓"小学"之类都是。至于书籍众多，没有条理可寻，并且他的功用，在乎作用而不在乎条理的，这一种，不须讲解，只须各人自己观览即可。以前的学校，叫做书院，其实相当于现在的图书馆。书院中预备了许多书籍，使得学生可以自由阅览。再聘请一位掌院或山长，常驻院中，遇有疑难，可以请问。这种情形，学生有自得之乐，教师无讲演之劳，在事实上很是合理。假如这一项学问，书虽少而理却深，非经教师讲解，不能明了，这便须采用现在学校的讲授制，师生聚集在一处地方，按照次序讲授去了。所以，我以为学校和图书馆，两者不可偏废。讲求学问的方法，大约不出于这两种。

以上是关于"经义"一方面的话，现在再讲"治事"。"治事"——办事——本是多方面而且极活动的，非实地练习，不能知道处置的方法。譬如要学军事，便须到军队中去，当排长，当连长，假如仅仅在讲堂上读一两种书，试问有什么用处？政事亦然，单靠书本上的智识，不是崇拜着西洋各国情势隔膜的制度，便是拘泥着东方古代早已过去的陈规，总是没有用处。即使自己研究了很深很深，胸中了然，笔下超然，著了许多政治上的书籍，还是无用。为什么呢？因为政治是千头万绪，而且刻刻随了时势环境变化的。譬如现在局势混乱，你若想从政治上着手整理，假如单单依靠自己读书，那末即使翻尽《文献通考》之类，还是不知道从什么地方做起。所以政治一项，最要紧的，是亲自埋头干去，在干的中间，积蓄你如何如何的经验，决非在书本上讲堂内，随便看看谈谈，可以了事。况且，时势变迁，现代断然不能复为古代，古代书籍，即使现在看来，句句都好，到底从那一件做起？还是问题，所以，平时读书，只好算积蓄材料，用时还须自己斟酌。譬如商店，资本大，货物多，顾客一到，可以从容应付。假如守着一两种书，便以为天经地义，牢不可破，这种固执不化的情形，怎样可以通方致远？所以，关于"治事"一项，学校教师，应当领导学生，亲自干去，在干的中间，求得切实的经验。学生不但应当在教师堂上听讲，在自己室内看书，还须多做游历的工夫。以中国而论，地方大，风俗异，此地相宜，那边不相宜，这样情形，书上记载简略，非实地考察，断乎不能了然。关于"治事"，我以为应得如此做去。假如不能，充其极，亦不过做到冯桂芬之流而已。

一个人要兼擅"经义"——学问，"治事"——办事两者，是不容易的。前面所讲的顾亭林，还只能做到六七分，不能说完全做到。他讲到学问，总是经和史连讲；讲到"治事"，非但明白当代的掌故，走过的地方，亦是不少，以此很能知道各处不同的风俗人情。两种兼擅，方才成功现在我们大家知道的顾亭林，这是很不容易的！

"经义""治事"两项，实在可以包括一切。但是古代和现在不同，我们当然要把他推广言之。不能守着以前的方法，便算满足。即使现在范文正、胡安定复生，到此地来当校长，做主任，也决计不会守着陈旧的方法，便算满足的。"经义"一门，要推广言之，"治事"一门，也要多想方法。

总之，学校里的教课，固然是学问；自己个人的自修、阅历，亦是学问。走一步，见一人，无往而不是学问。假如单单守着学校里的教课以为学问，那末，一定会得使你感到十二分的缺乏的。以前子路说过："有民人焉，有社稷焉，何必读书，然后为学？"这话并未讲错。从古到今，有一种人痛恨俗吏，痛恨官僚，但是自己讲论政治多年，一旦担任职务，往往不能及到他们。这个原因，便是一在空论，一在实习。所以，我以为讲到实用，学问不过占三分之一的力量，三分之二的力量是靠自己的练习。子路的话，并未说错，不过略嫌过分一些罢了。以前安定设教，"经义"之外，另外提出"治事"一项，这是他独具只眼的所在。现在我们不知道他当时如何办法？或者当时出校以后，更有补救的方法，亦未可知。否则"治事"是教不完的。

因为此地是安定首先提出"经义""治事"两大类别的地方，所以我今天才如此的讲。总而言之，现在教育的界限要放宽，那末才可以完成九百年来这两句话的大用处。

据《苏中校刊》第 68 期

*此为章太炎 1932 年 9 月 21 日在苏州中学的演讲，由吴大琨、陆希龄、蒋锡琴记录，诸祖耿补录审定。

述今古文之源流及其异同

《汉书·艺文志》载今古文源流甚详。《易》为卜筮之书，秦所不燔，汉兴藏诸内府，为中古文，自商瞿以至田何，传者不绝。宣、元之间，传《易》者有施仇、孟喜、梁丘贺氏，由是有施、孟、梁丘之学焉。于时民间别有费直、高相二家之说。及刘向以中古文《易经》校施、孟、梁丘经，或脱去无咎悔亡，惟费氏经与古文同。

《尚书》最残缺，百篇自秦燔之后，伏生所传，仅得二十九篇，以传张生、欧阳生二家。张生授夏侯都尉，都尉传族子始昌。昭、宣之间，欧阳、大小夏侯氏立于学官，是为《今文尚书》。追孔安国得壁中《尚书》，以考二十九篇，得多十六篇，是为《古文尚书》。东汉杜林传《古文尚书》，贾逵为训，马融作传，郑玄注解，由是《古文尚书》遂显于世。

《诗》不应有今古之分，盖三百篇遭秦而全，以其里巷讽诵，不独在竹帛故也。所谓今文者，即鲁、齐、韩三家。鲁申公为训故，齐辕固、燕韩婴皆为之传，《韩诗》最后出，三家皆列于学官。同时毛公为河间献王博士，自谓得子夏所传，其序与《左传》《周礼》相应，故称古文。

《周礼》皆古文。汉景帝时，河间献王好古，得《古礼》献之。

《仪礼》篇目多少不可知。汉兴有鲁高堂生传《士礼》十七篇，谓之今文。其鲁淹中所出五十六篇，谓之古文。

《礼记》本亦古文。《汉书·艺文志》有《礼》百三十一篇，注七十子后学者所记也。戴德删《古礼》为八十五篇，谓之《大戴礼》；戴胜复删《大戴礼》为四十九篇，是谓《小戴礼》。《小戴礼》颇杂古今文，《大戴礼》与古为近。

《春秋左氏》古文，《公》《谷》今文。《左氏》分每公为一卷，凡十二卷，《公》《谷》以闵附庄，为十一卷。王充《论衡》云：《春秋》经得于孔壁，汉张苍传《左氏》学，《公》《谷》皆口传，汉胡毋生始传《公羊》，《谷梁》何时出不可知。《汉书·儒林传》云："瑕丘江公受《谷梁春秋》及《诗》于鲁申公。"知申公亦治《谷梁》。

王充《论衡》引《论语》有数十百篇，今存二十一篇，亦孔壁所出，谓之古文。汉有《鲁论》《齐论》，谓之今文。古文有两《子张》篇，其篇次不与齐、鲁论同。东汉马融传古文，郑玄以古文校《鲁论》，为之注焉。

《孝经》十八章，汉长孙氏、江翁、后苍、翼奉四家传之，谓之今文；孔壁所出二十二章，谓之古文。东汉郑玄沿马融古文《孝经》传为注，唐人颇疑之。

《尔雅》无今古文。

汉后传授既明，今欲明别古文。惟《周礼》为纯古文，《左传》亦古文，余均错杂。《易》自孔子传商瞿至汉田何，下逮施、孟、梁丘三家，皆今文也。汉时《易》中古文以通行故不贵，自刘向校费氏《易》多无咎悔亡，古文遂显。《说文·序》以孟氏为古文，京房尝从孟氏问《易》，然京氏句说，长于灾异。费氏《易》亦无章句，徒以《彖》《象》《系辞》《文言》解说《上下经》，然与京氏说亦异。东汉荀爽、刘表、马融、郑玄并传费氏《易》，刘说不可见，马说亦不多，今传者惟荀、郑二家之说。

《尚书》自伏生传今文授欧阳、张生二家，其间孔安国得壁中书，称古文家，然孔氏未得之先，已为博士，亦传《尚书》，儿宽传欧阳《尚书》，宽又从孔安国受业。然孔氏为申公弟子，未为伏生弟子，或申公亦传《尚书》，孔氏所得非伏生传授甚明。汉高祖答陆贾语"安事《诗》《书》"，可见汉初《书》已通行。又娄敬所说颇引《泰誓》中语，使《尚书》未传，何由引据？贾谊能诵《诗》《书》，谊洛阳人，当非伏生所传，可见汉初传《书》者，非伏生一人。清段玉裁著《古文尚书撰异》，分理最晰，然于孔安国所传今文何自，曾未及之。意三家《尚书》本于伏生之说，亦未可恃。今以今文分伏生、孔安国两家，较为可据。

三家传《诗》，惟《鲁诗》知申公传自浮邱伯，浮邱伯传自荀子，齐、韩二家，不知所传。鲁、韩二家，传久不相异。《齐诗》自后苍授翼奉及萧望之、匡衡，匡说颇平正，翼说多离奇。惟《毛诗》传授不同，自谓出于子夏，后人颇疑及之。然《毛诗》小传合《左传》，训诂合《尔雅》，典章制度合《周礼》，可为古文明证。至郑笺《毛诗》，则今古文错杂矣。

《周礼》无今文，亦不错杂。《仪礼》五十六篇以外不可见，其十七篇，郑《注》但言古文从某无所异。后苍今文《礼》之说，后亦不行。今说《仪礼》者，今古文不分矣。《礼记》颇错杂古今文，如《月令》《明堂》诸篇，经马融采《大戴礼》，似近古文，然已残缺。今言《三礼》，惟《礼记》最为难解。

《春秋》传授，见于刘向《别录》。汉张苍、贾谊、贯长卿、张禹递有传授，然当时所传经传皆古文，不易读。《左氏》有大义而无条例，言条例始于刘歆。歆传贾逵等，至晋杜预举刘歆、贾逵、许淑、颖容四家条例为《春秋释例》。自刘、贾、许、颖出而今古文混淆。于时《公羊》先列学官，《左氏》未列学官，不得不附会《公羊》，冀列学官。《谷梁》后出，虽未见《左传》，而《史记》所载《铎氏微》，容或见之。如《左传》"公矢鱼于棠"，《谷梁》改"矢"为"观"，此其明证。传《公羊》者多，《谷梁》者少。然《公羊》亦多错杂，如《左氏》言弑君三十六，据《春秋经》无此数，清王引之以为二十六，董仲舒亦言三十六，此亦可见其错杂矣。汉自宣、元以后，治《左传》者兼治《谷梁》，与《公羊》互相排斥，至东汉两家更如水火。何休《解诂》，排斥严、颜二家，以二家有《左氏》说，然何氏间亦采取《左传》，此所谓实与而名不与也。

《论语》先有古文，后有今文。传《古论》者，汉独马融一人。何晏《集解》所载孔安国注，皆三国时人伪造。郑玄解《论语》，以齐、古两论考定《鲁论》，郑所云从古者，非真从古，当即从马说耳。《鲁论》最为难解，或即古文真本，其说详余所著《广论语骈枝》中。

《孝经》只存今文。郑《注》唐时犹及见之。唐时又见孔安国《孝经传》。司马贞以郑书目录中无《孝经》，今郑《注》得自日本。又《群经治要》亦引及之，可证唐以前确有是书。《孝经》古文不可知，即今文有错杂，亦不可知矣。

* 由潘景郑记录，载《国学论衡》第二期，一九三三年十二月一日出版。

讲学大旨与《孝经》要义

余往昔在北京、日本等处，亦曾讲学，所讲与今日学校中讲授者无殊，但较为精细而已。今昔时代不同，今日之讲学，不如往昔矣。第一只须教人不将旧道德尽废，若欲学者冥心独往，过求高深，则尚非其时，故余今日之讲学，与往昔稍异其趣。惟讲学贵有宗旨，教人不将旧道德尽废者，亦即教人"如何为人"之宗旨而已。为人之道亦多矣，如宗儒教人如何静坐，如何精修之语甚伙，余虽不反对，却不愿如此说，因高谈性命，似觉宽泛，概说做人，亦无着落。今日听讲者，多为苏州人，故余即于近处取譬，姑举苏州已往二位人物，作为听讲者之模范。一、范文正，二、顾亭林。此二人者，求之今日，真如凤毛麟角，余亦因之不能不一讲二公之道德、学问、事业，俾学者共勉焉。

范文正 文正平生，无致力于理学之名，惟彼提倡理学，不遗余力，当时一辈理学师儒，颇多受渠汲引者。盖五代宋初之际，风俗败坏，人格堕落，文正蹙然忧之，力倡气节，缘文正于军事政治等为全才，而志行抱负亦独高也。自来讲求气节之士，往往不易与人和合，空山寂寞，孤行独往，不为世合，而又不苟合于世，比比皆然。惟文正则不然，温温自处，休休有容，人既不见嫉，世亦不为怪，性格豪迈，绰有才调，此儒者而具豪杰之风者也。儒而豪侠，固无妨于儒。当宋之时，范文正与司马温公先后齐名，司马公之学问，固精博矣，惟不无掷节太甚之处。时有人因欲纳妾，乞借钱五百千于司马，既不借贷，又以洋洋千余言之长函覆之，自述清贫，使人难受，此事正司马公所独短。若文正则渊渊之度，汪汪之量，所谓先天下之忧而忧，后天下之乐而乐，与司马公之建独乐园，专以自娱者，志趣甚异。惟宋儒讲理学，得司马公之风者独多，得范文正公之风者绝少，故宋儒做事，恒做不开。吾人追慕宋贤，如以范文正公一派为模范，则庶几有益于世道矣。

顾亭林　亭林先生学问博大，儒而兼侠，一切均务平实，做事亦颇举得起，即垦荒事业，彼亦能为。考其行事，与宋之迂儒不同，即与范文正亦非全同，学者试一比较，即可知我说之不谬也。当清之时，学者都贱视六朝人，亭林独不谓然，而推崇六朝人之崇尚礼法，其见识之远大可见矣。今日举世毁法灭礼，而苏州士人尚能保存礼教，此风得之于亭林先生之遗教者独厚，惟苏州今日尚无亭林其人。即以中国之大，亦迄无亭林者挺生于世，此所以中国之祸乱，日甚一日而不已也。顾氏精警博大之著作，有《日知录》《天下郡国利病书》等。但我人今日尚谈不到精研学术，只能将顾氏"博学以文，行己有耻"二语提出，其第二语，勉力躬行，正今日做人之要旨也。

做人根本，究竟何在？研究做人之根本书，又有何种？其实不外《论语》一部。《论语》之外，当为《孝经》，余则《礼记》中《大学》篇、《儒行》篇与《仪礼》中之《丧服》篇尚已。《论语》为做人之根本书籍，不读《论语》，真如终身长夜。《孝经》为经中之纲领，在昔学人，最重视之，今则为一辈"讲新道德者"与"提倡家庭革命者"所反对。惟《孝经》所说之语，句句系自天性中来，非空泛者可比，故反对者无论如何激烈，余可断其毫无效用。《大学》一篇，与《中庸》不同，《大学》即太学之谓，所载语平实切身，为脚踏实地之言，与《中庸》牵及天道者有异。我人论学，贵有实际，若纯效宋儒，则恐易流入虚泛。且一言及天，便易流入宗教。基督教处处言天，以"天"之一名辞压倒一切人事，此余辈所不欲言者。《大学》修齐治平之道，有程序，有办法，可为包括修己、治人二大事之书。《儒行》篇在今日尤为重要，儒者，柔也，此种倾向，自来深入人心。因数千年来，儒者专尚谦恭和平，做事处处让步，以退为是，其弊至于奄奄一息，毫无生气，此儒者之大病也。惟《儒行》篇所云，大都慷慨任侠，与庸谨之儒大异。昔宋太宗当新进士及第进谒时，赐以《儒行》一篇。至高宗时乃拟依太宗旧法行之，而拟加赐《中庸》一篇，卒为秘书省正字高闶驳回，以为《儒行》所说，近于七国纵横之言。此言足以代表两宋诸儒意见，盖儒风日趋于懦矣。今观东汉重视《儒行》，类多奇节伟行之士，学风振起，人心刚果。至宋则不然，虽有理学诸师，绝少气魄宏伟之士，不过称为善士而已，等而下之，则不免于乡愿矣。《丧服》一篇，今之学者不注意已久，余必欲提出此篇者，盖"礼教"二字，为今之时流所不言，然《仪礼》十七篇中，多诸侯大夫之礼，本与今日我国之政治制度无干。其纯为士人者，《冠礼》亦久无人用；《昏礼》亦仅存六礼名目；《乡饮酒礼》，前明一代，尚有行之者，清则尚存乡饮大宾之虚号，而未尝行其礼；《士丧礼》虽偶有行之者，然亦不尽依古礼；惟《丧服》则历代改易者甚少。民国以来，交通繁盛之区，染濡欧风，丧服渐废，居丧者仅悬墨纱于臂袖间，以为了事，然此亦仅少数通商口岸之现象耳。以全国论，则内地各处，丧服制度依然存在。且彼等濡染欧风者，讣告上尚赫然书斩衰、齐衰、大功、小功、缌麻之文，是实替而名犹在也，惟此一事，今尚葆存，然亦几为新学者反对。故余于《丧服》，不得不略事讲述，以告诸学者。

此次余来苏州讲学，仅二十日，二十日内，无论如何讲学，亦难讲尽。故以上余所提出之五种书籍，除《论语》因人人必须诵读，暂不讲解外，余四种书，即《孝经》《大学》《儒行》《丧服》，亦仅讲大意而已。学者于听讲之余，苟有疑难，尽可至余寓所质问。

《孝经》 我国素以《孝经》为修身讲学之根本，教育根源，亦依于此。汉人且以《孝经》为六经之总汇。此书共计一千九百字，字句易读，文理易解，学者大都读过，无烦余之详述。按本经云："夫孝，德之本也，教之所由生也。"中国教育之所以不带宗教意味者，实赖此言。盖《孝经》专言人事，与天道无涉，故我国之教育，完全为"人事教育""实事教育"。试书其义，盖父子系于天性，生来便是如此。古代教育之术，所谓"谨庠序之教，申之以孝弟之义"。宗旨已尽于此，绝不如宗教家之专言"天命""上帝"，科学家之专研"物理""化学"也。然汉人极重孝道，最讲《孝经》。而汉人说经，亦有喜言"天"者，如"天人相与之际"等语。"天"与"人"究有何关系？荀子《天论》篇言之独详，直将"天"之一字，排斥净尽。扬雄云："通天地人谓之儒，通天地而不通于人谓之技。"其言虽正，尚不免拖泥带水。今观《孝经》"教之所由生"一语，正是专讲人事，何尝论及天地？其云"孝者，天之经也，地之义也，民之行也"，此乃以人之德行，支配天经地义。换言之，即人之德行，实为天经地义是也。然谓《孝经》为六经之总汇者，究于何处见之？按本经云："先王有至德要道。"先王为谁，郑康成以为禹三王之最先者。其意盖谓自禹以后，政治上之元首，为世袭制，故天子之孝，由此而起。是说也，余不甚谓然。试读《尚书·尧典》与《孝经》首章比较，便不难喻晓矣。《孝经》云："先王有至德要道，以顺天下，民用和睦，上下无怨。"《尧典》云：

"克明俊德，以亲九族；九族既睦，平章百姓；百姓昭明，协和万邦，黎民于变时雍。""克明俊德"之"俊"字，太史公《五帝本纪》作"驯"字，"驯"与"顺"同。"黎民于变时雍"之"变"字，一作"蕃"，见汉成帝诏书，一作"弁"，见孔宙碑。按《诗》"弁彼鸒斯"，毛《传》："弁，乐也。"《说文》："昪，喜乐貌。""于弁"者，"于乐"也，是解较"于蕃""于变"为妥。盖上言"协和"，而下言"蕃"，或言"变"，上下不相应，惟言"乐"则相应。此一节，《尧典》与《孝经》对照，恰相吻合。《孝经》为六经大总汇，由此可见。今日世风不变，岂特共产党非孝，一辈新进青年，亦往往非孝。岂知孝者人之天性，天性如此，即尽力压制，亦不能使其灭绝。惟彼辈所恃理由，辄藉口于"反对封建"，由反对封建而反对宗法，由反对宗法而反对家庭，遂致反对孝行。不知家庭先于宗法，非先有宗法而后有家庭。盖有男女而后有夫妇，有夫妇而后有家庭，一夫一妇，即为一家庭，斯时未有宗法也，且无所谓宗法也。一夫一妇一子或多子者，如父尚在，亦仍为一家庭，无所谓宗法也；父死之后，兄弟数人，然后有宗法可言。是故家庭者，不产生于宗法，而宗法者，实为家庭之产物，此不可以不明辨者。今人侈言社会、国家，耻言家庭，因之言反对"孝"。然《孝经》包含之义甚广，所谓"战陈无勇非孝也"，明明直斥一辈见敌不抵抗不为国家效命之徒为不孝。孝之一字，所言至广，岂于社会、国家有碍？且家庭如能打破，人类亲亲之义，相敬相爱之道，泯灭无遗，则社会中之一切组织，势必停顿，社会何在？国家何在？亦不问而可知已。我国儒者之教，一在顺人情，一在有真凭实据。"孝"为人类天性，行之最易，孩提之童，无不知爱其亲，极有证据。明罗近溪尝云，"良知为孟子所明言"，"孩提之童，无不知爱其亲也，及其长也，无不知敬其兄也"二语，即是良知，此言最为精警透辟。又云："孔、孟也是说得无可奈何，只能以孝弟二字为教学之本。"所谓无可奈何者，即谓人所易行、人所共见之事，除孝弟以外，并无他事可以代替耳。

* 一九三三年在苏州演讲，由金震记录，载《国学论衡》第二期，一九三三年十二月一日出版。

《大学》大义

《学记》《大学》，均《礼记》之一篇。今舍《学记》而讲《大学》者，《大学》条理清楚，且语语平实，足为今日对症之药也。大学义为太学，与后之国子监相等。太学科目，今不得知。即《大学》一篇，出谁氏手笔？亦无从考求。归之曾参，未见其然。中间偶引曾子之语，此所谓曾子，未必即系曾参。孔门弟子，惟曾参称"子"，盖当时通行之称谓如是，《庄子》《吕氏春秋》均可作证。不但曾参称"曾子"，曾申亦称"曾子"；《檀弓》"穆公问于曾子"；《史记》"吴起受学于曾子"，均系曾申，非曾参也。然则，《大学》所称"曾子"，其为参乎申乎？未可知也。

宋儒表彰《大学》，而杨慈湖非之。《大学》重"正心诚意"，慈湖据《孟子》"必有事焉而勿正心"一语驳之，以为心乌可正？实则《孟子》"正心"之言，意别有指，慈湖据之以驳，意亦非是。汪容甫亦反对《大学》，谓非孔子之道。容甫凡宋儒所言，均力辟之，恐此亦因倡导之力出于宋儒，故反对之耳，于《大学》本身无伤也。

《大学》之旨，不善领会，则弊窦丛生。"致知格物"，七十二家之注，聚讼纷纷，朱晦庵"穷知事物之理"，与正心诚意何涉？无怪王阳明以"洪水猛兽"诋之矣。近人谓"道德由于科学"，与晦庵穷知事物之理而后能正心诚意者何异？必谓致知格物，然后方可诚意正心，则势必反诸禽兽而后已。何者？如云人与兽均为哺乳动物，依此而为穷知事物之理然后正心诚意，则人之行当反于兽之行。非驱圆颅方趾之类，入于猱猱狂狂乎？阳明诋晦庵为洪水猛兽，实则晦庵但知力学服官，并未真实用功于穷知事物之理。所谓穷知事物之理者，仅仅托之空言。今则不然，科学之影响，使人类道德沦亡，不仅托之空言，抑且见之实行，则所谓"洪水猛兽"者，不在晦庵，在今日谈科学而不得其道者也。

"格物"之解释，郑康成与王阳明均未全当。郑注："所知于善深，则来善物，所知于恶深，则来恶物。"解"格"为"来"，解"物"为"事"，义与"我欲仁，斯仁至矣"相同。阳明"致良知"，"格"字作"正"字解，谓"致良知以正事"诚若康成、阳明之解，则原文当作"致知而后物格"，其为颠倒文义甚明。司马君实谓"何物来即以何物打扫出去"，将"格物"之"格"，解作"格杀勿论"之"格"，与佛家为近；亦非修齐治平之道。是以郑、朱、马、王，义均未谛。惟阳明弟子泰州王艮心斋，以为"格物"即"物有本末"，"致知"即"知所先后"，乃与"诚意正心"相合。窃意"格物致知"之解，当以此为准也。

《大学》三纲,曰"明明德""亲民""止至善"。太学所教,目的在此。与《尚书》《孟子》之言吻合。《尚书》云,"百姓不亲,五品不逊,女作司徒,敬敷五教"。《孟子》谓,"三代之学,皆以明人伦;人伦明于上,小民亲于下"。百姓不亲,故教化以亲之;人伦不明,故教化以明之。可知《大学》"亲民"之说,殊合古义。朱晦庵强以"新民"改之,谓与下文《康诰》"作新民"之文合。殊不知《康诰》为殷周革命之书,其意欲使殷之旧民,作周之顺民。《大学》之意,岂强迫他国之民,作己国之民哉?如云以自己之旧民,作现在之新民,则弃旧道德而倡新道德,真"洪水猛兽"矣!

《大学》原无弊病,宋儒颠倒章节,自陷迷阵,解来解去,义即难通。医书中之《伤寒论》,明人亦易其章句,致文义輵。今日本医家,独能知其真相。《大学》晦塞已久,惟阳明为能知其谬妄而遵用古本。实则《大学》文义本明,不必宋人之多事也。

"致知格物",本为提纲之论,不必过事深求。儒者之道,除修己治人,别无他法。"正心诚意修身",修己之道也;"齐家治国平天下",治人之道也。修己治人,包含许多道理,《大学》据之,以分清步骤,岂有高深玄妙之言?所谓"诚意",不过比之于"如好好色,如恶恶臭";所谓"正心",不过谓为"心不在焉,视而不见,听而不闻,食而不知其味"。何高深玄妙之有?宋儒于"明明德"即有

"虚灵不昧"等语，语涉神秘，殊非本旨。实则所谓"明明德"者，不过"为人君，止于仁；为人臣，止于敬；为人子，止于孝；为人父，止于慈；与国人交，止于信"而已。所谓"亲民"，即此是也。由今观之，语语平实，何奥妙神秘之有哉？王艮解"止于至善"，谓即明哲保身。按之《大学》全文，殊为乖舛。古来龙逢、比干，何尝如此？此王艮之妄，不可信者！

《大学》所言治国平天下，均为亲民之道。所谓"上老老而民兴孝；上长长而民兴弟；上恤孤而民不悖"者，何一非亲民之道乎？惜乎现代施政，均与相反。秦始皇之凶暴，不致"好恶拂人之性"，其为"好人之所恶，恶人之所好"者，只有现代之政治耳！要之，《大学》论治平之要，不外三端：一即好恶与人同；二为不忌贤才；三为不专务财用。自昔帝皇柄政，忌才者有之，今日虽无帝皇，而忌才之甚，过于往昔。梁元帝、唐德宗、明世宗、明怀宗，可谓忌才矣！然梁元帝遭杀身之祸，将领如王僧辨等，并不忌之。唐德宗初颇忌刻，失败后一革前非，于陆宣公甚见亲信。明世宗晚年仍用徐阶，知其尚能觉悟。明怀宗既殒其身，又亡其国，毕竟尚能任用史可法。宰相忌才，前有李林甫，后有王安石，林甫之于贤才，决不使荷重任；已在位者，务必排挤使去，然并未斥去年幼之李泌。将领后如郭子仪，前如王忠嗣，亦能与以优容。安石与林甫相类，柄政之后，亦不能容朝廷正士，然如司马光、范纯仁等，未见排斥净尽。古来君相忌才者，只此数人，而事实如此。今则并此而无之矣！今日军政首领，于才之高于己者，必挤去以为快；即下位之有才者，亦不能使之安于其位。《大学》之语虽平常，而今人不能及如此！他如"长国家而务财用者，必自小人矣"，《大学》所言，犹是为国家务财用，非藉此敛财自肥者可比。王安石之流，犹不出此！而今之人，假国家之名，行贪婪之实，又出《大学》所讥下矣。以故，"好人之所恶，恶人之所好"；"人之有技妒嫉以恶之"；"长国家而务财用"，只今日之政治有之，自古未之有也！

孙中山氏亦推重《大学》，谓"外人做不出来"，彼之推重，吾不知其故。不知彼所谓好，好在何处？戴传贤亦称说《大学》，而行谊，乃与相反。《大学》之言甚平正，绝无高深玄妙之谈，顾于现代政治，句句如对症之药，以此知《大学》一书，诚哉其不可及也！

大约古人论道经邦，不喜为高深玄妙非常可怪之论，务求平实易行，颠扑不破。宋儒表彰《大学》，用意良是，惜其时时涉及虚无飘渺，与《中庸》相类。《中庸》好言天道，以"赞天地之化育"为政治道德之极致，只可谓为中国之宗教，所不同于耶稣者，讲论天道之后，犹知人事之重要耳。《墨子·天志》言天而不离政治，亦为政教合一之书。持此以较《大学》，《大学》意义平实，只言教学二项，不及高深玄妙。其所谓教，当然非宗教之教；其所谓学，即修己治人之学也。

世之文化先于中国者，有南方之印度；后于中国者，有西方之希腊。进路不同，方向亦异。中国学问，无不以人事为根本。希腊、印度，均以"地""水""火""风"为万物之原素，首即偏重物质，由此演进，为论理学、哲学、科学；为伦理学、政治学。中国开物成务诸圣哲，伏羲、神农，畜牧耕种，事事皆有，然均以人事为根本，不遑精研微末。人事以修己治人为要，故《大学》之教，重是二项。

《大学》之外，又有所谓小学。小学为礼、乐、射、御、书、数。六艺之教，以实用为依归。书、数二项，为童子初学始基。识字布算，固初学之要也。射、御犹今之掷枪、打靶、御马、驾车。礼即礼节之娴习，乐即歌舞之陶冶。二者偏于实习方面，皆以锻炼体格，涵养性情为宗旨。经礼三百，曲礼三千，如何学得完全？乐谱工尺，亦安能肄习空文？以是知二者所教，决非如后人意料中之遍读礼经、乐书也。小学所教，书、数、射、御而外，注重礼乐之实践，均与修身有关如此！至其为学之步骤何如？学后之目的何在？则于《大学》明之。此《大学》之义也。

据《苏中校刊》第68期

* 此为章太炎1932年10月在苏州的演讲，由诸祖耿记录。

《儒行》要旨

"儒"之一字,古人解作"柔"字。草昧之初,残杀以为常。教化渐兴,暴戾之气亦渐袪。所谓"柔"者,驯扰之意也。然周初儒字,未必与此同义。《周礼》"师以贤得民,儒以道得民"。贤者道德之谓,道者学问之谓,固非"柔"字之意。司马相如《大人赋》序"列仙之儒",列仙而可称儒,可见儒为有道术者之通称。利玛窦入中国,人以"西僧"呼之,利曰:"我儒也,非僧也。"此非有道术者得名为儒之证乎?

"儒"之一字,春秋时尚不甚见于称谓,只《论语》有"女为君子儒,毋为小人儒"之语。盖当时九流未兴,不必特别表明。降及七国,九流朋兴,孟子首蒙儒者之名。《庄子·说剑》赵太子请庄周论剑,谓"先生必儒服而见王,事必大逆"。庄周非儒,赵太子称之曰儒。盖古之九流,学术有别,衣服无异。《儒行》孔子见哀公,哀公问:"夫子之服,其儒服与?"孔子对:"丘不知儒服。"以衣服为辨别学术之标准,无意义极矣!此殆孔子不肯承认儒服之故乎?《儒行》所说十五儒,大抵坚苦卓绝,奋厉慷慨。儒专守柔，即生许多弊病。汉张禹、孔光，阉然媚世，均由此故。然此非孔子意也。奇节伟行之提倡，《儒行》一篇，触处皆是。是则有学问而无志节者，亦未得袭取"儒"之名也。

人性本刚，一经教化，便尔驯扰。宗教之作用，即在驯扰人性，以故宗教无不柔者。沙门势利，是佛教之柔；天主、基督教徒，亦带势利，是天主、耶稣之柔。其后之趣于柔固非，其前之主于柔则是。试观南洋婆罗洲人，向无教化，以杀人为当然，男女结婚，聘以人头。人类本性刚暴如此，则不能相养以生，势不得不以教化柔之。然太柔而失其天性，则将并其生存之力而亦失之。以故，国家形成而后，人民不可不保留刚气，以相撑拄。近人病儒者之柔，欲以墨子之道矫之，孙仲容先生首撰《墨子閒诂》以为倡，初意欲施之于用，养成风气，补救萎靡。不意后人专注力于《经》上下、《经说》上下论理学上之研究，致孙氏辈一番救世之心，淹没不彰。然使墨子之说果行，尊天明鬼，使人迷信，充其极，造成宗教上之强国，一如摩哈默德之于天方，则宗教之争，必难幸免。欧洲十字军之祸，行且见之东方。且近人智过往昔，天志压人，未必乐从。以故孙氏辈救世之心，固可敬佩，而揭橥号召，亦未尽善也。窃以为与其提倡墨子，不如提倡《儒行》。《儒行》讲解明白，养成惯习，六国任侠之风，两汉高尚之行，不难见之于今。转弱为强，当可立致。即有流弊，亦不过造成几个为害不甚重大之暴人，较之宗教战争，相去固不可以道里计也。

宋人多反对《儒行》,高闶即其代表。宋人柔退,与《儒行》本非同道。至于近人,以文字上之关系,斥《儒行》为伪,谓非孔子之言。其理由:鲁昭公讳"宋",凡"宋"皆代以"商",《儒行》孔子对哀公:"丘少居鲁,长居宋。"孔子不应在哀公前公然言"宋"。殊不知《儒行》一篇,非孔子自著,由于弟子笔录。当时孔子言"宋"言"商",无蓄音机留以为证,笔记之人,容有出入,安可据以为非?常人读《论语》子路初见孔子,孔子有"君子有勇无义为乱,小人有勇无义为盗"二语,以为孔子不尚武力,以此致疑《儒行》"鸷虫攫搏,不程勇者;引重鼎不程其力"二语。不知卞庄子刺虎,孔子亦称其勇,而弟子澹台灭明曾有斩蛟之举,不过孔子不为而已。《儒行》中复有"其过失可微辨而不可面数也"一语,与"子路人告之以有过则喜"意相反,亦为读者所疑。不知在古人中此等行为,屡有记载。淳于髡讥孟子"在三卿之中,名实未加于上下"。又云"是故,无贤者也,有则髡必识之"。而孟子则对以"贤者之所为,众人固不识也"。以"众人"二字,反唇相讥,可知孟子确系"可微辨而不可面数"者。宋世理学诸公,朱晦庵主张无极而太极,陆象山反之。二人因起争论,彼此信札,有面红耳赤,声色俱厉之概。二人学问之根本,本不在此,为一二枝叶问题,双方即妄加意气,各不相下,更甚于《儒行》之"可微辨而不可面数"矣。

降至清代，毛西河、李天生讨论音韵，西河厉声对天生，天生拔刀向之。二人意气，岂不更甚于晦翁、象山乎？盖儒者本有此一类人，孔子并未加以轻视。十五儒中，有其一种，即可尊贵，非谓十五儒个个须与孔子类也。如此，吾人之疑可解，而但举"宋"字一端，固不足推倒《儒行》矣。

《儒行》十五儒中，亦有以和平为尚者，然不敌坚苦卓绝奋厉慷慨者之多。有一派表面似有可疑，如云"毁方而瓦合"。绅绎其意，几与明哲保身，混俗和光相同。然太史公传季布、栾布，二人性质相近，行义亦同，栾布拼命干去，季布卖身为奴。太史公称季布"摧刚为柔"。"摧刚为柔"，即"毁方瓦合"之意。试观张禹、孔光，终身无刚果之事，至于季布一流，前后皆不屈不挠，不过暂时为权宜之计，有谦柔之表示耳。所谓"毁方瓦合"者，谓此也。

细读《儒行》一篇，坚苦奋厉之行，不外高隐、任侠二种。上不臣天子，下不臣诸侯，当孔子时，即有子臧、季札一流人物。至汉，更有严子陵、梁伯鸾等。汉人多让爵，此高隐一流也。至于任侠，在昔与儒似不相容，太史公《游侠列传》有"儒墨皆摈不载"之语，然《周礼·六行》"孝友睦姻任恤"，"任"即任侠之任，可知任侠本不为儒家所废。太史公传信陵、孟尝，颇有微词；于朱家、郭解，即极口称道。良以凭藉势位，易于为力；民间仗义，难于通行，为可实贵耳。《儒行》"合志同方，营道同术，久不相见，闻流言不信"。此即任侠之本。近世毁誉无常，一入政界，更为混殽。报纸所载，类皆不根之谈，于此轻加信从，小则朋友破裂，大则团体分散。人人敦任侠之行，庶几朋友团体，均可保全。此今日之要务也。又有要者，《儒行》所谓"谗谄之民，有比党而危之者，身可危也，而志不可夺也"。又谓"劫之以众，临之以兵，见死不更其守"。此种守道不阿，强毅不屈之精神，今日亦当提倡。诸君试思！当今之世，情况何似？何者为"谗谄之民"？何方欲"比党危之"？吾人鉴于今日之情况，更觉《儒行》之言为有味矣！

十五儒中，类别綦多。以上所举，不过最切要于今日者耳。高隐一层，非所宜于今日；任侠一层，则与民族存亡，非常相关。虽小团体，非此亦不能存在。不可不三致意也！

试以《论语》相较，《论语》载"子路问成人，子曰：若臧武仲之知，公绰之不欲，卞庄子之勇，冉求之艺，文之以礼乐，亦可以为成人矣"。继而曰："今之成人者何必然？见利思义，见危授命，久要不忘平生之言，亦可以为成人矣。"以今日通行之语言之，所谓成人，即人格完善之意。所谓儒者，亦即人格完善之谓也。"闻流言不信"，非即"久要不忘平生之言"乎？"见死不更其守"，"身可危也而志不可夺也"，非即"见危授命"乎？《论语》《儒行》，本相符合，惟《论语》简约，《儒行》铺张，文字上稍有异趣，然守道之士，乌可以文害辞者？不知宋人何以排斥之也？

东汉人之行为，与《儒行》甚近；宋人去之便远。《后汉书·党锢传》中人物，微嫌标榜太过，不能使吾人俯首；至《独行传》中人，则逊乎远矣！如田子春之居乡，整饬一方，俨然有后世团练之风。曹操征乌桓，迷不得路，赖子春指导，得获大胜。操回，欲以关内侯爵之，子春坚辞不受。此与严子陵不同科，虽不受爵，依然干事，宋人乌能如此！周濂溪、程明道开宋朝一代学风，《儒林》《道学》二传，鲜有奇节伟行之士，一遇危难，亦不能尽力抵抗，较之东汉，相去甚远。大概《儒行》一篇，无高深玄奥之语，其精神汉人均能做到。高隐一流，非所宜于今日，而任侠之风，非提倡不可也。

曩讲《孝经》《大学》，诸君均已听过。鄙意若缺少刚气，即《孝经》《大学》所说，完全做到，犹不足以自立。诸君于此诸书，皆曾读过，窃愿深长思之。

据《苏中校刊》第67期

＊此为章太炎1932年9月22日在苏州的演讲，由诸祖耿记录。

《孝经》《大学》《儒行》《丧服》余论

前讲《孝经》《大学》《儒行》《丧服》诸书，尚有不尽之意，今申言之。凡读《孝经》，须参考《大戴礼·王言》篇，盖二书并是孔子对曾子之言。《孝经》言修身，不及政治；《王言》篇专言政治，其云七教可以守国，三至可以征伐，皆是为政之道。《孝经》千九百字，《王言》篇千三百字。《王言》为《大戴礼》之一篇。《孝经》列学官，别为一经，故单行耳。吾谓《孝经》一书，虽不言政治，而其精微处，亦归及政治。《大学》"上老老"一章，其旨在能守国。《王言》篇云"闻三至用贤才而后可以征伐。"今无《王言》一篇，无以羽翼《孝经》矣。今人言有礼有用，古人言内圣外王。《孝经》《王言》二书，可以尽斯旨矣。前讲为人之道，故专论《孝经》。今讲应世之道，故并及之。

读《大学》不过得其纲领而已。《学记》所言何以为学，何以为教，言之甚详。宋儒重《大学》，不重《学记》，意谓《学记》一书，无深奥之义，不过是教人之道。我谓不读《学记》，无以为教，抑无以为学也。

宋儒以《儒行》言刚勇，多夸大之语，如鸷虫攫搏，卞庄子之勇也，孔子亦采之，意谓此篇非孔子所作，不知《大学》亦以知、仁、勇三者并言之。

前讲《丧服》，可据《仪礼·丧服》篇及《开元礼》二书为定例。杜佑《通典》载《开元礼》颇备，又溯唐以前之沿革亦详。吾谓学有根柢者，于《通典》一书，不可不读。清曾国藩推重马端临《文献通考》，实则《通考》远不逮《通典》。《通考》偏于治人，《通典》则长于修己。《通典》论礼居多，盖修己治人兼备矣。

南北朝之世，五胡十六国，纷争扰攘，论政治，上不逮汉，下不如唐，然六朝官吏绝少称臣异族者，不似两宋以还，不难北面而事外夷也。

六朝人重礼教与孝行，《南史》所称孝行，多至毁瘠。其于《丧服》不敢妄议，稍犯清议，终身不能入仕版。宋儒言理学者甚多，而有孝行者，反不若六朝之众。其于《丧服》，亦勉强从事，又不如六朝之谨严。盖学问根柢，远逊六朝人之渊博耳。

今不为腐儒之论，能修己则事尽善矣。所谓修己者，非但一人之修己而已。为政者能人人修己，国斯治矣。《大学》言修齐治平，不言权术。历代史册，所载政治，亦不言权术。吾谓古儒者未尝无权术，但不外见耳。太史公以伊尹、太公、管仲之流，归诸道家。道家非不用权术，但不用诈术。《大学》言诚意，似不为权谋。而结尾有云：

"此为国，不以利为利，以义为利也。"为利非权术乎？但所言利，为国不为己。此本末一贯而义法不同。宋儒言尧、舜、禹、汤不用术，而后王用术。此真腐儒之论，我未敢信。

孟子轻管仲，而于管仲之权术，未尝不重之，但不明言耳。孟子对齐宣王好色、好货之问，即袭取管子之言。又其对梁惠王问何以利吾国，似不言利，不为权术。而末云："未有仁而遗其亲者也，未有义而后其君者也。"非权术乎？谓孟子而无术，吾亦不信。

董仲舒云："正其谊不谋其利，明其道不计其功。"宋儒服膺此二语。不知董生此言，对江都王而发。董生本意，非必如此。

孟子言伯夷、太公为二老，天下之子归其父焉。萧何言"养贤致民，以图天下"。二语正相似。以孟子言观之，文王之心，与萧何一也。为国谋政，以一国为己任，焉能不谋利计功？若偏于一端，则如宋儒之学，施于政事，便少成功。此正孟子所谓徒善不足以为政也。

《儒行》言人事，《大学》言修齐治平之道，具在篇中，吾故表而出之。

《儒行》一篇，多言气节之士，有勇者居多。今人或言专尚气节，亦不足以为国。此言似是而实非，一国中但有一二人尚气节，于政治何裨乎？

东汉时重儒，故尚气节。东汉内政不修，而外侮不至，一西羌为患，卒为汉灭。曹、刘、孙三国分立，亦无外患，三国人亦多尚气节故也。晋尚清谈，不尚气节，而五胡乱华矣。南宋时，如胡铨辈高唱主战，然一二人何裨于治？或乃讥为虚骄之气。故谋立国者，务尚气节，非但一人有气节，须人人有气节。范文正有气节、有计谋之人，国不重用，何也？尚气节之风不能普遍故也。如清梁鼎芬之流，藉高言以沽名钓誉，欺人适以自欺耳。

宋时有气节者，非特范文正一人而已。文正有气节、有计谋，欧阳修有气节、而无计谋，韩琦气节不如文正，且无计谋。故韩、范同征西夏，范胜而韩败，盖韩不如范矣。文正部属有尹洙者，亦有气节、有计谋之人，以官卑不获重用。文正有才具而无辅佐，其不能成大功宜也。今我国人数四万万，假令有气节者得百之一，亦足以御外侮矣。

古人尚气节，吾观《儒行》篇，不独尚气节，亦尚勇力。古用刀矛，非勇力不能胜。今用枪炮，不须有大勇力。然不耐劳苦，枪炮虽精，亦复何用？东三省之兵械，全国之精锐也。一旦寇至而三省瓦解，此非明证欤？

古人于《儒行》，虽尚勇力，必为辞以遏之，惧其滋暴乱也。孔子答子路："仁者必有勇，勇者不必有仁。"吾谓后世未必然。项王为人，暴戾恣睢，力能扛鼎，然见兵士疾病，则涕泣不食，非勇而有仁乎？汉代游侠之流，亦皆暴戾恣睢。太史公序《游侠传》云："缓急人之所时有也。"

今有人绝无勇气，见人患难疾苦，如未之见，惟恐不利于我。此孔、孟所以痛恨乡愿，谓其居之似忠信，行之似廉洁，不仁不勇，乡愿近之。

古人尚勇，以知、仁、勇三字并言。孔子非不勇也，《春秋》《淮南子》俱云，"孔子力能招（训翘）国门之关，而不以力闻"。孔子之勇，盖不形诸外貌耳。孟子言孟施舍、北宫黝之勇以及于己，孟子亦非不勇也。孔子曰："君子有勇而无义为乱，小人有勇而无义为盗。"此一时之言，非定论也。子路好勇，孔子嘉之。故《论语·先进》篇以政事之才归诸子路。

孟子言孟献子有友五人。《国语》孟献子有壮士五人。《春秋传》鲁从晋伐逼阳。狄虒弥、秦堇父、邹人纥三人，皆有勇之士。传言孟氏之臣秦堇父，则秦为孟氏五友之一矣。传言献子称狄虒弥有力如虎，疑狄亦孟氏之臣，惟邹人纥不可知。古时尚勇，亦可概见。吾疑仁者不必勇一语，当是宋儒妄谈，未可依据。今试举二人为例，《晋书》有戴渊、周处二传。戴渊一盗耳，陆机适楚，渊劫之，机说渊折节读书。周处斩蛟刺虎，后亦改行从善。勇者岂无仁乎？明末言理学，专拾宋儒牙慧，不能救国。清颜习斋出，不为谈天说性之妄言。清初有气节者，颜氏一人而已。厥后颜氏一派，推为学宗，惜仅及北方一隅，宗者绝少，为可憾耳。

今言理学各派，清以前分程、朱、陆、王四宗。清以颜（习斋）、李（刚主）为一派，彭（尺木）、罗（台山）为一派，皆与程、朱、陆、王不同。彭、罗所言，间有可取，无裨大用。颜、李则与《儒行》相类，可以东汉儒人喻之。《周礼》言六德、六行、六艺，六艺有射、御，即尚气节与勇力也，惟颜氏能之。今言《儒行》，取法乎上，颜、李可无述矣。

今讲《丧服》，非为空谈，须求实行。苏州礼教风俗，尚未大坏。我观镇江、浙省一带，父母丧而子婚者，虽世家亦有之。自汉至宋，三年之丧无娶妻者，明宪、武二宗即位未及一年，即行大婚。上行下效，自所不免。吾恐不能三年之丧，当自明始。今法虽无明文，然居丧娶妻，习非成是。愿苏士大夫，倡导政革，小民自化矣。

据《制言》第 61 期

＊此为章太炎 1932 年 10 月在苏州的演讲，由潘承弼笔录。

论今日切要之学

从前顾亭林先生说过"行己有耻，博学于文"两句话，但是博学于文不如行之实际，而"行己有耻"纯为个人的行为，所以这里暂不讨论。

今日切要之学只有两条道路：（一）求是，（二）致用。求是之学不见得完全可以致用，致用之学也不必完全能够求是。合致用与求是二者冶于一炉，才是今日切要之学。讵今日之学风适反乎此，日惟以考古史、古文字学，表章墨辩之说是尚，反弃目前切要之学而不顾。此风若长，其害殊甚，速矫正，以免遗误于将来。兹先分论其不切要之点如下：

（一）考远古　此虽为求是之学，然不能致用。试观今日一般学者忽于近代之史，而反考证三代以上古史如《山海经》等孳孳不休。正如欧西学者日夜研究古巴比伦、埃及等国的文化，同样的无味。因彼时尚在混沌草昧时期，就是能发现一二种学说，也绝难找出有力的证据来证明他，又何况即便得以证明也不能致用呢？

（二）考古文字　此亦求是而不切要之学也。若今日举国学子欣欣然考证龟甲，研求钟鼎，推求陶瓦，各自以为得。其考证甲骨者则凿凿于某字《说文》作某，钟鼎又作某，某字应读某声，穿凿附会之态较之研究钟鼎者尤为可笑。而不知龟甲之真伪本难分别，何况其证据又薄弱无力！至于钟鼎本系金属，真伪尚易辨别，然考证其文字，终觉无味。其一切考证钟鼎文字之书籍，更须审辨。若宋人之《集古录》《金石录》《博古图》等书，考订本多难据。至清之吴大澂等益加穿凿。然清人考订文字大率沿袭宋人，不知宋人更沿袭何者？夫文字递变，必据有形迹者以为推。假如佐证毫无，而欲妄加揣测，正如外人到中国听戏，纵赏其声调铿锵，而于曲中旨趣则茫乎无所知矣。

（三）考《墨辩》 今日学者，除去染有上述两项风气之外，尚有一种绝不能以之致用的风气，就是考墨辩。《墨子》的精华仅在《尚贤》《尚同》《兼爱》《非攻》诸篇。至于《经》上下，《经说》上下，大小《取》诸篇，实《墨子》的枝叶，而考墨辩者却矜矜然说某段合乎今日科学界中的电学，某段合于今日科学界之力学，某段合于今日科学界之飞艇、飞机，某段系今日物理学中之定律，某段又是今日化学之先声。似《墨子》的神通，活像今日科学界的开山老祖一样。即使以上诸说能够成立，也不过是繁琐哲学之一流。《庄子》有一句话："窜句游心于坚白同异之间，杨、墨是已。"这样说来，非独墨子是科学专家，杨子又何尝不然呢？《大戴礼》哀公问孔子有小辩之说，则墨子亦小辨之流也，总之其语虽然有是的地方，用起来时却不能致用。所以这班学子虽较考古史、古文字学有用，然终不是今日所需要的。

现代的学者既如上述，若遡及前代治学的人也各有所偏。明代学者知今而不通古，清代学者通古而不知今。所以明人治事的本领胜于清人，虽少年科第足以临民。清之学者考证经史详搜博引，虽为前古所无，惜不谙当代制度，治事的时候，辄来请教于幕僚，所以两朝学者各有所蔽。然明之学者尚能致用，清之学者虽欲致用亦不能也。其所以不能致用者，基于彼等考大体者少，证枝叶者多耳。是明清两代之学，皆非切要，不足为今日所取法也。

今日切要之学是什么？曰历史也。历史之学宜自修，不适于讲授。现代各校不明此理，多于每周规定三四小时，与其他科目同一办法，此甚不然。试问一部正史，欲于每周三四小时内依次讲解，恐至少亦须三十年始能讲毕。即令学生明知史志为今日切要之学，若按时至校听讲而不自修，终必无所获。此外市面上有应时而起的《史学通论》《史学研究法》等，美其名曰节省时间，实无当也。如唐人刘知几之《史通》通释，往复辩论历代史书得失之处，虽甚详明，假使详明更不阅其所论之史书，则《史通》亦为无用，况今日市上之《史学通论》等书，撰著对于所论之书恐尚未尝看过，则其"通论"又那里有丝毫的用处呢？故历史一科之教员应专讲解史志之条例及其中深奥的地方，其余易解之处统由学生去自修。盖研究学问有二法：（一）有必须讲解者，如史学之条例是也。（二）有必须自修者，则史志之全文是也。试观现在各校觍居历史讲座之先生，与茶馆中说评书的有什么分别？其中本领高者仅能讲明历史之大概，劣者虽大概亦不能明也。

现在的青年应当知道自己是什么时候的人，现在的中国是处在什么时期，自己对国家负有什么责任。这一切在史志上面全都可以找到明确的答覆。若是连历史也不清楚，则只觉得眼前混沌万状，人类在那里栖栖皇皇，彼此似无关系，展开地图亦不知何地系我国固有，何地系我国尚存者，何地已被异族侵占？问之茫然无以对者，比比然也，则国之前途岂不危哉！一国之历史正似一家之家谱，其中所载尽已往之事实，此事实即历史也。若一国之历史衰，可占其民族之爱国心亦必衰。盖事实为综错的，繁复的，无一定之规律的；而历史乃归纳此种种事实，分类记载，使阅者得知国家强与弱的原因，战争胜败的远因近因，民族盛衰的变迁，为人生处世所不可须臾离者。历史又如棋谱然，若据棋谱以下棋，善运用之，必操胜算，若熟悉历史，据之以致用，亦无往而不利也。

宋之王荆公与现在国民党之总理孙逸仙均中不明历史之病，王荆公不许人读史志，毁之曰"断烂朝报"，孙逸仙似未精究历史，却也具有王氏之遗风，所以国民政府今日未有令名。王荆公与孙之国民党同因不谙已往之史迹，以致爱国心衰。自王荆公倡不读史未及四十年，而宋亡矣，今民国缔造已二十一年，前后茫茫，亦可惧也。

附庸之国与固有国土本有区别，历史已详告我们。不幸今日上下竟有以附庸视东北三省，而盛唱"弃了东三省"的论调，这就是不明史志的原故，而仅据外人之称东三省为"满洲"，便以为东三省之属于我国乃附属地性质，非本土也。凡稍读史志者便以为其误。考东三省原为中国固有的版图，汉谓之突厥，宋谓之辽金。汉去今日已远，姑不论，即以明清论之，明清两代东三省皆为我国固有之版图，今竟因不明史志而疑固有的国土为附庸之地，其害较不读经书为尤甚，盖不晓得周公、孔子的名字，仅遗忘一二死去的人而已，无关国家之得失，若不晓得历史则几乎茫茫然遗失了东三省千百万方里的土地，其为害驾于经书之上。此语在好高骛远的人全不愿说，他们视历史如同掌故和家谱一样，岂料到关于国家的命脉是这样的大呢？再以开铺店喻之，开铺店若不明该地的掌故习俗，则不出数日必倒闭矣。又如组织家庭，若不看家谱不明世族，则亲疏不分，视其同族若路人，此家未有能兴盛者。今知不看掌故、家谱之害尚如此，其不明史志之害，岂不尤甚于斯欤！故谓历史为掌故亦可，谓之为民族的家谱亦无不可。总之，历史就是我的掌故，我的家谱，他人得之虽然无用，而我不得不备此物，若欲为国效力，这本老家谱是非研究不可。至于运用之法，应注重制度、地域变迁的沿革，治乱之原因。阅之亦甚易，看一句即得一句之经验，非若治军须战略与操练并行也，故其成就亦易，史志之全帙虽繁，读司马光之《资治通鉴》则简而易行。今之青年既知史志为切要矣，当视为新发现之宝物去日夜看他才好！

历史之学不仅今日切要，即在往古亦十分切要。汉时即以六经为史，各有专家传其学，至今因时间之延长，史志遂觉繁多，然此正一完备之棋谱也。若善用之，何往而不利，故其切要尤甚于昔。在汉时可举史志而尽焚之，因彼时棋谱尚未完备，而有人才在，还可以补救时艰。今日则不可，因人才已无，棋谱更不可失矣。

行己有耻，博学于文，是从前的话。今当世界在较任何时期为严重的时候，历史上之陈迹即为爱国心之源泉，致用时之棋谱。其系于一国之兴亡为用尤钜，故史志乃今日切要之学也。

据《中法大学月刊》第5卷第5期

＊此为章太炎1932年3月24日在燕京大学的演讲，由王联曾记录，并经黄侃、吴宓审定。

关于史学的演讲

昨日述修己治人之要,因举四书,曰《孝经》,所以教孝道也;曰《大学》,所以总群经也;曰《儒行》,所以厉士节也;曰《丧服》,所以广礼教也。今更推广言之,夫学求致用,坐而言者必起而能行,斯足为学,言而不能行,学亦浅矣。治学之要,首重历史,见前代而昭已往,斯可见其学也。近代学堂新制,多重口授,口授殊不宜于史学,盖四库之书,史籍最繁,岂口授所可罄哉?且学贵自得,亦非口授所可收效,如二十四史三千余卷,三通六百卷,文不涩奥,学者所可自读。必欲一一口授,则有终身不能尽者;设能自阅,则正史四年可罄,《通鉴》一年可毕。外国道尔顿制,即使学生自习之法,国人虽知其制而行者盖寡。余谓此制施之史学,厥效最伟。或有谓教员惧学生读书过多,致为所难,其言固为过当;然今之授课者,往往将《纲鉴易知录》,粗诵一过,便为良师,师资之不堪至此!则其言亦自可信,《吕氏春秋》有《诬徒》篇,此辈宁非诬徒耶?

乙部分类甚烦,今举其要:如编年,古史也;纪传,正史也；《东观汉记》，别史也；《通典》《通考》记典章制度，贯澈古今者也；而言史者于地理一门，尤为重要，地理不知，则前代战争胜盛衰之迹，尽茫然矣。地理之书，今之可阅者，如唐《元和郡县志》、宋《元丰九域志》，明清均有通志，而顾祖禹《方舆纪要》尤佳。至于地图，则今胜于古矣！奏议亦足补正史之阙，足见当时之政治，后人集古今名人奏议，曰历代名人奏议，皆不可不阅者也。正史二十有四，四年可毕，如求简捷，则可阅四史；再读《通鉴》及《续通鉴》《明通鉴》约共一千卷，每日二卷，五百日足矣。纪事之书既毕则阅典章制度之籍，如《通典》《通考》是。《通典》稍晦，《通考》浅近可阅，然其中亦有不必阅者，如《天文志》等是，但阅其有关政治，考见制度者足矣。共五百卷，每日二卷，不过八月足以尽矣。地理即阅《方舆纪要》，费时半年，可得其概，奏议稍多，然一年亦毕矣，合计之三年有半，一切可以了然，此常人之所能也。列代名人，虽有位跻显贵，而未亲典籍者，然得力于史册者亦众。即以清代言，曾国藩得力于《文献通考》，胡林翼得力于《资治通鉴》，左宗棠得力于《方舆纪要》。夫历史不知，是忘厥祖先，亡国之本也。古之文人，莫不重史，惟宋王安石创新法，而多为先朝行而不验者，惧为人考于古而发其非，故不欲人言史耳！今之不欲人言史者，其亦有王氏之流否耶？波骛奇者，遽求速成，而社会文化，固循矩进化，自知不合于古，故亦禁人言史学，皆学术之蠹也！

毁历史者，以为不殊家谱，不知此即如家谱，亦一国之谱，非一家之谱也。国为天下人之国，谱亦天下之谱。人不自知家谱则不知世系之所出，则于此一国之谱，又乌可忽而不知哉！毁者又曰，"不殊账册"。不知即是账册，亦所以纪产业也。此账册为一国之账册，所纪者，国家之产业，亦人人之产业也，宁知有执产业而不有账册不阅账册者哉！其不可通也明矣！夫为民上者，不欲人言历史，则倡于上者无人矣！为人师者不欲人言历史，则导于前者无人矣！矧学校之制，又不宜于历史耶？中国之史学，益趋销沉，忘国之本者，亦日以多矣！

章氏学诚曰，"六经皆史"，厥言最当。经与史固有密切之关系者也。礼者，一代之典章制度也。《尚书》纪言，《春秋》纪事，左右史之事，固无论矣。《诗》亦史而韵者耳！至于《易经》亦曰史者何也？当生民之初，狉狉獉獉，有天地然后万物生焉。故有屯卦，屯者，物始生也，盖有天地万物，然后有男女夫妇父子君臣上下之别也。生民之初，未有媒聘，男女婚媾，多出虏夺；厥后民智渐开，有如童蒙，故有蒙卦；斯时男女婚媾，以贝相易矣——此后世聘礼之所起也。下为需卦，言酒食之道，已由渔猎而入于耕稼。再后为讼卦，盖民智日启，不能不争，争则讼生矣。斯时犹为部落时代，生殖既繁，争端遂起，乃有兵事，故有师卦，师遇则比，故有比卦。其时虽知稼植不知蓄积，既有师旅,则非有所畜,不可以应,故有小畜。及此而政府之刍形,小小就矣。小蓄之后为履卦,言武人言大君而政府已成。然其时君臣之阶级,尚不如后世之悬殊,泰卦坤上乾下。乾者阳也,居于上之君也;坤者阴也,居于下之民也。坤上乾下,重民意;逮后君益尊,民益贱,乾上坤下,否卦成矣。自屯卦以至于否卦,社会进化之迹,已灼然明矣。则《易经》者,亦不得不谓之史也。而史籍之承经而作也,首自司马《史记》,其本《春秋》者,已自言之矣,他如《礼书》《乐书》本于礼者也;相如之传,录其赋,用《诗经》之意也——赋者古诗之流——则史承经作,亦灼然明矣,此经与史之关系也。

至于诸子与史其关系亦密,道家出自史官——见《史记》——无论矣,儒家亦不必言。法家如《韩非子》最浅,其引历史处极多,法家有一代之家与长久之法家,韩非一代之法家也,亦可谓长久之法家。盖鉴于周末,弑君篡国之事,迭作并兴,国势日危,故严立法律,以绳君臣之分。厥言虽似专制,然以元首专制官吏,非以政府专制人民,与今之民主不悖,亦足见春秋之情形。名家与法家相近,纵横家本外交之事,有关于史。农家无预史矣,然亦为物质缺乏,致有持偏之言,亦足考见当时之社会,故九流中无一不言政治,哲学如庄子,宗教如墨翟,皆言政治,即无一不与史有关也。

中国今日文学之潮流,荒谬极矣,充其极足以乱国家,亡天下！何则？今之学者，喜创新论，而不中于理，不切于事，遂有此弊。厥别有二：一曰与国家有害者，哲学家是也，以哲学家之目光，施于政治，其害最巨。如道家，班氏曰，"人君南面之术"，然终不可以为治，汉用黄、老，并无功效。晋尚清谈，竟以乱国；然晋之清谈，尚不害于礼教，及至后世之哲学家，则每况愈下，放于礼教，以为本于庄子，庄子曷尝有斯言耶？古人谓人当知行方，今则知圆而行亦圆，出乎为人之道矣，吾非谓哲学不可学，惟学者不可其弊耳！中国臻此危急存亡之秋，于事当求其常，而不可危词耸听，以误事也。

二曰与国家无害而有害于史者，则今日之考古家是也，今人未毕正史便奢言考古，考古非不可为，三国谯周有《古史考》，宋苏辙亦作古史，不过以太史公书杂采百家，不尽可征信，乃作此书以考之耳！今之考古者，事事疑之，是疑古矣；疑古未尝不可，但须有疑根，如经之所无，而为俗人流说，其言荒诞，作者误取，遽入史籍，如《史记》记后稷、高祖之生，皆荒诞不经，固不可信，疑之可也。或迭见两书，异同其词，必求得失，斯有一当是，亦可疑，如司马温公作《通鉴考异》是也。乃今之疑古者，无所根据，遽尔相疑，斯真疑而成疾矣。日本有疑尧、舜非真有其人，亦群而和之，不知日人开化，晏于中国。各国开化之有迟早，犹树木开花之有先后，若以为必待日本开化，方可开化，武断二千年前之事为不可有，望空生疑，抑何其可笑耶？又疑禹治洪水，九州之大，非一人可任，此尤可晒！禹之治水，盖总其事，辅之者不知凡几，史举其首，以盖其余耳，何为不可信哉？犹幸此辈不疑孔子，而不知孔子、颜渊，明时已有疑言，以为丘见其高，渊见其深耳，未必有其人也，犹幸此辈不了子史，不敢作此大言。古学之不经者，虽动人于一时之风气，终不及于远，今之疑古者，害人更甚，厥祸尤烈！考其弊端，不究于史耳。是故吾辈不可不读史，而今日读史者，尤宜考其盛衰之迹，以见其政，用为国者鉴，盖读史固贵见其大也。

据《国专季刊》第 1 期

*此为章太炎 1933 年 5 月在无锡国学专门学校的演讲，由卢景纯记录。

读史与文化复兴之关系

文化二字，涵义至广，屡数不能终其物。方今国步艰难，欲求文化复兴，非从切实方面言之，何能有所程功？

今之学校，学校包罗万有，教师滔滔讲述，学子屏息奉手，其切于自修者阙如。因之历史一科，黉舍中视为无足重轻，所讲者不过一鳞半爪。盖历史书多而理不深，宜自修而不宜听讲，与科学之须口讲者大异。今乃列为口讲之科，则所讲能有几何？于是乙部之书，大都束之高阁。在昔《纲鉴易知录》，学者鄙为"兔园手册子"，今则能读者已为通人，可胜慨叹。盖历史譬一国之账籍，彼夫略有恒产者，孰不家置一簿？按其簿籍而即了然其产业多寡之数。为国民者，岂可不一披自国之账籍乎？以中国幅员之大，历年之久，不读史书及诸地志，何能知其梗概？且历史非第账籍比也，鉴往以知来，援古以证今，此如弈者观谱，旧谱既熟，新局自创。天下事变虽繁，而吾人处之裕如，盖应付之法，昔人言行往往有成例可资参证。史之有益于吾人如此，今乃鄙夷至不屑道，于是国事日棘，而应之者几无不露其捉襟见肘之窘焉。

今且举其一例。试问安南、缅甸、朝鲜，自昔与中国之关系何若？热河、察哈尔、绥远，往昔之情形何若？其能详举以对者，有几人乎？按安南昔与广东、西同称百粤，汉武平南粤，置为日南、九真等郡。自兹以后，安南人之出仕于朝者，代不乏人。直至唐末五代，始渐失去。逮明成祖时，又用兵收回，设交趾省，曾开科取士，未几失去。其人种与广东人无异，语言亦极相似。盖自汉至唐，为中国郡县者一千余年。朝鲜在汉时亦为郡县，即乐浪郡。东晋以后，渐非吾属。人种与满洲相似，称夫余种，而满洲则挹娄种也。缅甸在明时为属云南之土司，即为云南省之一部分。三百年中，屡叛屡征，前有王骥，后有刘綎，《明史》载其战功甚明。此三属国之旧事也。至古代朝鲜所领区域，本兼满洲发祥之地在内，不可不知。满洲称名，明时无有，其族类曰女真。女真族类，计有百余。大别之曰三：（一）建州女真；（二）海西女真；（三）野人女真。所谓满洲发祥之地者，即指建州女真而言。建州即清之兴京，爱新氏之祖先起于是地。其海西女真，散居在铁岭左右。至野人女真，即使犬使鹿之族，鱼皮鞑子之种类也。若《史记》所称之东胡，乃鲜卑、乌桓等族，常与匈奴相抗，在松花江西北，聚族而居，女真即居其对江。汉之疆土，在东北者，除辽东、西外，尚有玄菟、乐浪等郡。明设辽东都指挥使司，都司东北为兴京，即汉之玄菟郡。《史记》载燕将秦开袭破东胡，东胡却千余里，当时燕境已展至朝鲜矣。汉初，卫满复据朝鲜。至武帝时用兵收回，定为朝鲜四郡，即乐浪、真番、玄菟、苍海是。其后真番、苍海复废，故只存乐浪、玄菟耳。辽东诸地，在唐末又失去。至明时复收辽东，明将熊廷弼与清兵相持于沈阳广宁，广宁即今锦州东北之地，所谓医无闾山者在此也。

热、察、绥三特别区之沿革，兹再约略言之。按北平汉称右北平郡，即今喜峰口左右卢龙、遵化等处，有六县在今长城以外。其平刚即今平泉，白狼乃今凌源，右北平太守即驻于此。曹操北征乌丸，至柳城而还。柳城今之朝阳也。此皆在中国辖境以内，当时并未视为境外。绥远之河套，在汉为朔方郡。河套之北，为秦之九原郡，其东为云中郡。汉之云中郡，包有托克托和林格尔等处。汉有定襄郡，今已不能明指其处，恐即今之察哈尔也。秦起长城，自临洮至辽海，河套以东之郡邑，悉在长城以内。汉境直至河套之北，阴山之下，逮后契丹、蒙古，更迭内侵，疆土日蹙。明代长城南移，于是秦汉之沿边郡邑，在今日观之，似均在塞外矣。察哈尔明称察罕，热河明称朵颜。朵颜地险兵疆，其人乃契丹余种。明成祖放弃大宁卫以与兀良哈等，至明末始折入于建夷。河套在明英宗时为毛里孩等占据，其后杨一清、曾铣、夏言，屡议恢复。于此可见此处在明初确属中国，且明代常遣使宣慰察、绥、热等处，更可证其为我国之辖境矣。此三特别区旧事也。

今更有所谂于诸君者，东省土地广漠，自古汉人即与乌桓、鲜卑等族杂居通婚，而女真人数甚少，明时汉人在东者，有四五百万，至清末而有三千万，女真则不及百万。溯清太祖起兵时，纯粹女真不过数十万。入主中国后，多数带入关内，八大驻防及京旗，充其量亦不过五六十万。二百年来，渐见同化，至今纯粹满人，不少概见。可见其当初人种不多，否则消灭何至如此之速？故论东省居民，以汉人为最多，满人不过占其百分之一。此极少数之满人，散居三省，殆如湘桂之苗、四川之番、云南之蛮，岂得假民族自决为口实？日人倡言东省满人有五百万，此其有意矫造，绝非事实。而国人亦若有深信不疑者，此则非第不看旧账，且将与张宗昌之三不知无以异矣。以上所言，不过史事之一部分，而今特为提出者，以害在目前，故不惮瘩口也。

从古迄今，事变至赜，处之者有经有权，观其得失而悟其会通，此读史之益也。盖人之阅历广则智识高，智识高则横逆之来无所慴缩。故读史须贯穿一事之本末，细审其症结所在。前因后果，了然胸中。而一代之典章制度，亦须熟谙而详识之。史之为学，恃记性，不全恃悟性，默记暗诵，乃能有得。口讲耳受之功，获益几何？大概读列传每小时可毕一卷，史乘之精要者，计数不过三四千卷。三年之间，可以葳事。今人惟不好读史，故祸变之来，狼顾而莫知所为，可胜慨哉！

传有之曰：皮之不存，毛将焉傅？史在各种学问中，可喻之为皮板。羔裘豹饰者,爱毛而不爱皮板。抑知无皮板则毛何所丽?印度为世界古国之一,科学哲理,卓越绝伦,弘大之佛教,诞生于是,几何之学,亦由印度传至希腊。医学至刳肠剔胃,行所无事,其文化可称极高,而无历史以记载,至今印人不能追念其前代政化。新疆居民,今人多知有回部,而不知在前、后汉时本是三十六国。班、范二史,载之甚详。惟三十国国无历史,故其人种,至令茫无可稽。然则无史之害,岂不较然可见乎?国家之安危强弱,原无一定,而为国民者首须认清我为何种民族?对于本国文化,相与尊重而发扬之,则虽一时不幸而至山河易色,终必有复兴之一日,设国民鄙夷史乘,蔑弃本国文化,则真迷失本性,万劫不复矣!

史之有关于国本者至大。秦灭六国,取六国之史悉焚之。朝鲜亡后,日人秘其史籍,不使鲜人寓目。以今日中国情形观之,人不悦学,史传束阁,设天降丧乱,重罹外族入寇之祸,则不待新国教育三十年,汉祖、唐宗,必已无人能知。而百年以后,炎黄裔胄决可尽化为异族。然则居今而言复兴文化,舍注意读史外,其道奚由?

据中央大学《文艺丛刊》第 1 卷第 2 期,1934 年 10 月
*此为章太炎 1932 年秋在苏州的演讲,由徐澂、王乘六笔录。

历史之重要

国学不尚空言,要在坐而言者,起而可行。十三经文繁义赜,然其总持则在《孝经》《大学》《儒行》《丧服》。《孝经》以培养天性,《大学》以综括学术,《儒行》以鼓励志行,《丧服》以辅成礼教。其经文不过万字,易读亦易记。经术之归宿,不外乎是矣。经术乃是为人之基本,若论运用之法,历史更为重要。处斯乱世,尤当斟酌古今,权衡轻重。今日学校制度,不便于讲史。然史本不宜于学校讲授,大约学问之事,书多而文义浅露者,宜各自阅览。书少而文义深奥者宜教师讲解。历史非科学之比,科学非讲解一步,即不能进一步。历史不然,运用之妙在乎读者各自心领神会而已。正史二十四,约三千余卷。《通鉴》全部,六百卷。如须讲解,但讲《通鉴》,五年尚不能了,全史更无论矣。如能自修,则至迟四年可毕廿四史。今学校注重讲授,而无法讲史,故史学浸衰。惟道尔顿制实于历史之课最宜,然今之教员,未必人人读毕全史。即明知道尔顿制便于学生,其如不便于教员何?《吕氏春秋》有《诬徒》篇,今日学校之弊,恐不至"诬徒"不止,诚可叹也。

政治之学，非深明历史不可。历史类目繁多，正史之外，有编年，有别史，有论制度之书，有述地理之书，有载奏议之书。荀悦《汉纪》，别史类也。《通典》《通考》，贯穿古今，使人一看了然，论制度之类也。志表之属，断代为书，亦使人了如指掌，亦论制度之类也。地理书却不易看，自正史地理志外，有《元和郡县志》《元丰九域志》《明清一统志》《读史方舆纪要》之属，山川形势，古今沿革，非细读不能明了。奏议往往不载于正史，但见于文集，亦有汇集历代名臣奏议为专书者。今之学者，务欲速成，鲜有肯闭门读书十年者。然全看二十四史，一日不辍，亦不过四年。若但看四史，四史之后，看《通鉴》，宋、元、明鉴之类，则较正史减三分之一。一日看两卷，则五百日可毕。而纪事之书，已可云卒业矣。至于典章制度之书，《通典》古拙，不必看；看《通考》已足。施于政治，《通考》尚有用不着之处。三通不过五百卷，一日看两卷，二百五十日可毕。地理书本不多。《读史方舆纪要》为最有用，以其有论断也，旁及地理、挂图，且读且看，有三四月之功夫，即可卒业。奏议书流畅易看，至多不过一年亦毕矣。如此合计纪事之书一年有半，制度之书八月，地理之书半年，奏议之书十月。有三年半之功程，史事已可烂熟。即志在利禄者，亦何惜此三年半之功夫，以至终身无可受用乎？历代知名将相，固有不读书者，近若曾、左、胡辈，亦所谓名臣者矣。然其所得力，曾在《通鉴》《通考》；左在《通考》；胡在《读史方舆纪要》而已，况程功之过于是者乎？

夫人不读经书，则不知自处之道。不读史书，则无从爱其国家。即如吾人今日，欲知中华民国之疆域，东西南北究以何为界，便非读史不可。有史而不读，是国家之根本先拔矣。古人有不喜人讲史者，王安石变法，惟恐人之是古非今，不得自便。今人之不喜人看史，其心迹殆与王安石无异。又好奇说者，亦不喜人看史。历史著进化之迹，进化必以渐，无一步登天之理。是故诡激之流，惟恐历史之足以破其说也。至于浅见之人，谓历史比于家谱，《汉书》即刘氏之谱，《唐书》即李氏之谱，不看家谱，亦无大害。此不知国史乃以中国为一家，刘氏、李氏，不过一时之代表而已。当时一国之政，并非刘氏、李氏一家之事也。不看家谱，不认识其同姓，族谊亦何由而敦？不讲历史，昧于往迹，国情将何由而洽？又或谓历史有似账簿，米盐琐屑，阅之无谓，此不知一家有一家之产业，一国有一国之产业，无账簿则产业何从稽考？以此而反对读史，其居心诚不可测矣。信如所言，历史是账簿，是家谱，亦岂可不看。身不能看，惟恐人之能看，则沮人以为不足看也。政界之人如此，学界之人亦如此。学生又不便以讲诵，家谱、账簿，束置高阁，四万万人都不知国家之根本何在，失地千万里，亦不甚惜，无怪其然也。日本外交官在国际联盟会称东三省本是满洲之地，中国外交官竟无以驳正，此岂非不看家谱、账簿而不知旧有之产业乎？

昔人读史，注意一代之兴亡。今日情势有异，目光亦须变换，当注意全国之兴亡。此读史之要义也。经与史关系至深，章实斋云六经皆史，此言是也。《尚书》《春秋》，本是史书。《周礼》著官制，《仪礼》详礼节，皆可列入史部。西方希腊以韵文记事，后人谓之史诗，在中国则有《诗经》。至于《周易》，人皆谓是研精哲理之书，似与历史无关，不知《周易》实历史之结晶，今所称社会学是也。乾坤代表天地，《序卦》云有天地然后有万物。是故乾坤之后，继之以屯。屯者，草昧之时也，即鹿无虞，渔猎之征也。匪寇婚媾，掠夺婚姻之征也。进而至蒙，如人之童蒙，渐有开明之象矣。其时取女盖已有聘礼，故曰见金夫不有躬，此谓财货之胜于掠夺也。继之以需，则自游牧而进于耕稼，于是有饮食宴乐之事。饮食必有讼，故继之以讼。以今语译之，所谓面包问题，生存竞争也，于是知团结之道。故继之以师，各立朋党，互相保卫，故继之以比。然兵役既兴，势必不能人人耕稼，不得不小有积蓄。至于小畜，则政府之滥觞也，然后众人归往强有力者以为团体之主，故曰武人为于大君，履帝位而不疚，至于履，社会之进化已及君主专制之时矣。泰者上为阴下为阳，上下交通，故为泰。否者上为阳下为阴，上下乖违，故为否。盖帝王而顺从民意，上下如水乳之交融，所谓泰也。帝王而拂逆民意，上下如冰炭之不容，所谓否也。民为邦本之说，自古而知之矣。自屯至否，社会变迁之情状，亦已了然，故曰《周易》者历史之结晶也。然六经之中正式之史，厥维《春秋》。后世史籍，皆以《春秋》为本。《史记》有《礼书》《乐书》，《汉书》则礼、乐皆有志，其意即以包括礼经一门。《司马相如传》辞赋多而叙事少，试问辞赋何关于国家大计？而史公必以入录耶？班固，"曰赋者古诗之流也"，盖《史记》之录辞赋，亦犹六经之有《诗》矣。史公《自序》曰："有能绍明世，正《易传》，继《春秋》，本《诗》《书》《礼》《乐》之际，意在斯乎？小子何敢让焉。"班固亦有类此之语。由今观之，马、班之言，并非夸诞。良史之作，固当如是也。

史与经本相通，子与史亦相通。诸子最先为道家，老子本史官也。故《艺文志》称道家者流，出于史官。史官博览群籍，而熟知成败利钝，以为君人南面之术。他如法家，韩非之书称引当时史事甚多，纵横家论政治，自不能不关涉历史。名家与法家相近，惟农家之初，但知种植而已。要之九流之言，注重实行，在在与历史有关。墨子、庄子皆有论政治之言，不似西洋哲学家之纯谈哲学也。今日学士大夫，治经者有之，治诸子者有之，而治史则寡。不知不讲历史，即无以维持其国家。历史即是账簿、家谱之类，持家者亦不得不读也。

复次，今日有为学之弊，不可盲从者二端，不可不论。夫讲西洋科学，尚有一定之轨范，决不能故为荒谬之说，其足以乱中国者，乃在讲哲学讲史学，而恣为新奇之议论。在昔道家，本君人南面之术，善用其术，则可致治，汉人之重黄、老，其效可见矣。一变而为晋人之清谈，即好为新奇之议论，于是社会遂有不安之状。然刘伶之徒，反对礼教，尚是少数。今之哲学，与清谈何异？讲哲学者，又何其多也？清谈简略，哲学详密，此其贻害，且什百于清谈。古人有言，智欲圆而行欲方，今哲学家之思想，打破一切，是为智圆而行亦圆，徇己逐物，宜其愈讲而愈乱矣。余以为欲导中国入于正轨，要自今日讲平易之道始。三十年后，庶几能收其效。否则推波助澜，载胥及溺而已。

又，今之讲史学者，喜考古史，有二十四史而不看，专在细微之处，吹毛索瘢，此大不可也。昔蜀之谯周，宋之苏辙，并著《古史考》，以驳正太史公。夫上下数千年之事，作史者一人之精力，容有不逮。后之人考而正之，不亦宜乎？无如今之考古者，异于谯周、苏辙，疑古者流，其意但欲打破历史耳。古人之治经史，于事理所必无者，辄不肯置信，如姜嫄履大人迹而生后稷，刘媪交龙于上而生高祖，此事理所必无者也。信之则乖于事实。又同为一事，史家记载有异，则辨正之，如《通鉴考异》之类，此史学者应有之精神也。自此以外，疑所不当疑，则所谓有疑疾者尔。日本人谓尧、舜、禹皆是儒家理想中人物，优自以其开化之迟，而疑中国三千年前已有文化如此。不知开化本有迟早，譬如草木之华，先后本不一时，但见秋菊之晚开，即不信江梅之早发，天下宁有此理？日本人复疑大禹治水之功，以为世间无此神圣之人。不知治河之功，明、清两代尚有之，本非一人之力所能办。大臣之下，固有官吏兵丁在，譬如汉高祖破灭项羽，又岂一身之力哉？此而可疑，何事不可疑？犹记明人笔乘，有丘为最高、渊为最深之言，然则孔、颜亦在可疑之列矣。当八国联军时，刚毅不信世有英、法诸国，今之不信尧、禹者，无乃刚毅之比乎？夫讲学而入于魔道，不如不讲。昔之讲阴阳五行，今乃有空谈之哲学、疑古之史学，皆魔道也。必须扫除此种魔道，而后可与言学。

据《制言》第 55 期

* 此为章太炎 1933 年 3 月 15 日在江苏省立师范学校的演讲，由诸祖耿记录。

民国光复

所谓辛亥革命者，其主义有二：一、排斥满洲；二、改革政治。前者已达目的，后者至今未成。有功于光复之役者，今存在尚伙，特众口纷纷，归功于谁，亦未能定也。当时之改革政治，亦只欲纲纪不乱，人民乐生耳，若夫以共和改帝制，却非始有之主义，乃事势之宜然也。

按清入主中原三百年间，反清之意见，时载于书籍，鼓励人民之同情，今举其一代所宗大儒之言论以概其余。顾亭林《日知录》中解《中庸》"素夷狄行乎夷狄"，见目录而解义删去。然见钞本《日知录》中说曰，"居处恭，执事敬，与人忠，虽之夷狄，不可弃也，是之谓素夷狄行乎夷狄，非谓可仕于其朝也"。又解《论语》"管仲不死子纠"，谓"君臣之分，所关者在一身；华夷之防，所系者在天下。故夫子之于管仲，略其不死子纠之罪，而取其一匡九合之功"。即见亭林之志矣。王船山亦谓"一朝之变革不足论，惟宋之亡于夷狄，则中国失其为中国矣"。又云"种族不能自保，何仁义之云云"。二先生学问极大，见地独高，故彰明于世，学者宗之。而草野户牖中诸儒，与二先生论调同而名不显者，不知几何也？吕留良之意见与顾、王相同，及曾静狱兴，事乃大露，清廷因之大兴文字之狱，以集《四库全书》之名，焚禁天下诋毁清廷之篇籍。秦始皇焚书，刘向校书，二者不可得而兼，惟清四库馆则兼而行之，其防制可谓无微不至。然不知此种观念已深入人民心中，故洪秀全、杨秀清、李秀成、孙中山虽未读顾、王诸先生之书，亦能起兵抗清，何必读书之士为能然耶？

余成童时，尝闻外祖父朱左卿先生言"清初王船山尝云，国之变革不足患，而胡人入主中夏则可耻"。排满之思想，遂酝酿于胸中。及读《东华录》至曾静案，以为吕留良议论不谬，余遂时发狂论，曰"明亡于满清，不如亡于李自成，李自成非异族也"。及后与梁启超等相处，康、梁主保国、革命同举，并谓"保中国不保大清"。是时上海报载广东人孙文于英国伦敦为中国公使捕获，英相为之担保释放，余因询孙于梁氏，梁曰："孙氏主张革命，陈胜、吴广流也。"余曰："果主张革命，则不必论其人才之优劣也。"庚子拳乱，八国联军入北京，唐才常辈藉勤王名，主张革命，发表宣言，粤人容闳手笔也，严复译成汉文，大意诋毁清政，别立政府，而又云戴光绪皇帝为主。余不然其说。时康、梁之徒已渐变原有革命主张，而趋重保皇，遣人询余意见，余力言奉戴光绪为非，因剪发自誓。后因《驳康有为书》及序川人邹容《革命军》被捕，与邹容入上海狱。三年期满，出狱东渡，同盟〔会〕已由孙中山、黄克强等成立，以余主《民报》。初，孙之兴中会可号召南洋华侨，黄之华兴会可号召沿江会党，徐锡麟等之光复会可号召江、浙、皖士民。三党纠合为同盟会，惟徐锡麟未加入。黄克强系两湖书院出身，留学生亦多通声气，国内文学之士则未能生影响。自余主笔《民报》，革命之说益昌，入会之士益众，声势遂日张。至辛亥革命之主谋，则湘人焦达峰也。达峰者，共进会会员，初与湖北日知、文学等会议起事，焦建议自湘首倡，鄂响应之。并曰"若湘起后，鄂于十日内不响应，则湘将以鄂为敌人"。适彭楚藩、刘尧澂、杨洪胜等谋炸事露，总督瑞澂大索鄂中党人，于是鄂不得不先湘发难，占据武昌，举黎元洪为都督。清廷命黄忠浩发湘省防军袭武昌，势甚急；焦达峰起，袭取长沙，杀黄忠浩，革命军势益盛。未数日，焦氏被梅馨所杀，传为谭延闿主使，其事今犹未明也。时共进会突然起事，同盟会首领俱未知之，孙在英，黄在香港，即与谋之宋教仁、谭人凤，亦谓须训练三年方可从事，未料及起事如此之速。共进会由张伯祥组成，其成立在同盟会后，起事则先之。初，黄兴在大森，尝劝达峰并入同盟会，达峰以同盟会舒行阔步，未果。

革命之成功原因有二：一、远因，排满思想潜伏已久；二、近因，党人鼓吹甚力。虽共进会有倡义之功，若无同盟会之鼓吹革命，布置各省革命基础，则绝无如是大之影响。当袁世凯命冯国璋攻下汉口，不敢复取武昌者，以革命军已遍满南方，不可复抑也。若只湘、鄂二省，袁何爱而不攻耶？故同盟会有倡始布置之功，而共进会有实行发难之功。姑以弈喻，布全局与白黑相杀，在弈中有相等之重要。布局，同盟会也；相杀，共进会也。今日咸以实行之功归诸一二人，虚妄已甚，其去魏收史不远矣。

武昌立政府后，黎元洪为首；同盟会则以孙文为首，国之元首有相争之局。故行共和制以均衡权力，乃举孙大总统，黎副之，此固不得不然之势，而事前筹备实未尝周密也。试观袁世凯称帝，同盟党员附和者尚有其人；张勋复辟，未有一人附和者；虽今伪国成立，党员附和者亦绝无其人，皆足征革命之起实为排满也。

宋案发生，孙、黄欲举岑春煊，岑受梁鼎芬、郑孝胥之愚，议举溥伟为总统，以诱致冯国璋，余力斥之，岑翻然悟，拒梁、郑，梁大骂而去。若余不阻之，虽满清不能兴，然于黄一生功绩将受影响矣。以上皆论排满之事。

今论政治之改革。政治至今只有纷乱而无改良，盖革命党人忠实者固多，而好勇疾贫、行险侥幸者亦不少，其于政治往往隔膜。当革命未成时，群目宋教仁为将来之政治家，然宋氏仅知日本之政治，处处以日本之政为准，如内阁副署命令，两院决可否，矜为奇异。不知此二制度，中国已行于唐、宋。副署之制，唐时诏令俱然，并谓不经凤阁鸾台不得为制敕，其所谓"墨敕""内降"者，则出乎法外者也，逮宋亦然。明之内阁大学士，实即唐之翰林学士，只是天子秘书，故不能副署诏令。清亦沿明制，然如军机大臣奉上谕，内阁奉旨，虽不以人署名，而以机关署名也，则未尝无副署之意。下此则州县决狱，典吏亦须副署，此何足矜为奇创耶？又两院议可否，唐之门下省给事中，即议诏令可否者也，有"封还""涂归""批敕"诸名，宋、明因之，清则将给事中并入都察院，无封还诏令之权，仅能分发诏令与各衙门，所谓"邸抄"者也。唐给事中四人，明设六科，亦只数十人，而国会议员至数百人之多，当时所选者半非人望，议员以可否权之奇货自居，于是势凌总统，敲诈贿赂，无所不至，国会名誉扫地无余矣。而宋之在政治，亦以副署权陵轹元首，终蒙杀身之祸。由今观之，其政治知识实未备也。

上述诸事，欲政治之澄清，岂可得乎？孙谓革命尚未成功，信然。党员步调不齐，人格堕落，革命初成时已渐暴露，黄在汉阳，尝以扩大同盟会远询于余，余以"革命军起，革命党消"告之，克强未纳。其后同盟会与统一共和党吴景濂等五团体合组国民党，竟留十二年曹锟贿选之丑，可见其政治上之节操，与其维持共和之能力矣。

据李希泌《健行斋文录》

*此为章太炎1933年10月10日在章氏国学讲习会的演讲，由李希泌记录。

论读史之利益

治国论政不能无所根据。汉人言通经致用，当时经史未分，史即《春秋》家言也。至汉末而史籍始渐多矣。西汉时，士皆从师受经，而史籍则罕有讲授者。盖经籍公开，史籍不公开也。《汉书》东平思王宇上疏求《太史公书》，王凤言《太史公书》有战国纵横权谲之谋，汉兴之初谋臣奇策、天官、灾异、地形、阨塞，皆不宜在诸侯王，不可予。至东汉则史籍渐不秘密，故孙权勉吕蒙涉猎往事，自谓少时历《诗》《书》《礼记》《左传》《国语》，惟不读《易》。至统事以来，省三史诸家兵书，因劝蒙急读《孙子》《六韬》《左传》《国语》及"三史"。所谓三史者，《史记》《汉书》《东观汉记》也。蒙本不读书，自闻权言，笃志不倦，其所览见，旧儒不胜。后鲁肃过蒙，言议常欲受屈，因拊蒙背，称其非复吴下阿蒙。于此可见东汉以来，渐多读史者矣。刘备从卢植受《礼记》，终身不忘。而遗诏则以《汉书》《礼记》并举，旁及诸子、《六韬》《商君书》。然刘本经生，未遑研精史籍。若诸葛亮则是法家，蜀人好史籍者，固不若吴人之众也。

经者古史，史即新经。远古之事，或不尽适用于今。事愈近者，愈切实用，荀子所谓法后王也。自汉以后，秉国政者，无不参用经史，以致治平。至王安石乃自以为湛深经学，不好读史，且复劫持人以不必读史，目《春秋》为断烂朝报，其流弊卒至京、惇之误国。然当时理学家亦以为王者致治不须读史，如谢良佐初造程明道，对明道举史事不遗一字，明道谓之玩物丧志。谢面赤汗流，自是不复言史。司马光薨于位，适郊天庆成之后明堂降赦臣僚称贺讫，两省官欲往奠之，程伊川不可，曰"子于是日哭则不歌"。坐客难之曰："孔子言哭则不歌，不言歌则不哭也。"苏子瞻曰："此乃枉死市叔孙通所制礼也。"众皆大笑。伊川于史学本疏，故有人诮伊川须入山读《通典》十年，方可议礼。明人读史不精，而办事较有能力，凡为其能注意于史事故也。至清人之不读史者，不过为琐碎之考据而已。唯曾、左、胡三人，颇知运用之术，曾读《文献通考》，胡读《资治通鉴》，左读《读史方舆纪要》。三人所好不同，而其经世致用则同。今观其奏疏书札，恒喜称引三书，可知也。张之洞虽不及彼三人，亦熟读《通鉴》。盖张曾随胡林翼至贵州衡文，受胡之熏染甚深也。《资治通鉴》二百九十四卷，《文献通考》三百四十八卷，《读史方舆纪要》一百三十卷。专心读之，一年可毕。至于运用之妙，本不在读书之多，故通经即可致用。今亦可言通史致用，史即经也。然今人之病根，即在不读史。民国初建，自日本归来之民党，略读法政诸书，罕留意于本国史籍，以求因革之宜，锐意步趋他国，不恤削趾适屦。即当时所称第一流政治家宋教仁，亦刻意放效日本，见日本以政党政治，即欲移植于中国，不知是犹逾淮之橘也。日本天皇自肯垂拱无为，祭则寡人而已。中国由数千年来君主专制一变而为民主共和，选任大总统，自必为有声望有才具者所得，即此一端，已非日本天皇可比。是故不顾国性、民情而但为螺蠃之祝，其不蹈王安石之覆辙者鲜矣。

读史致用之道有二：上焉者察见社会之变迁，以得其运用之妙；次则牢记事实，如读家中旧契，产业多寡，了如指掌。能得运用之妙者，首推道家，《汉志》言道家者流，出于史官。老子为周守藏史，根据社会之变迁，以著成道家之议论，故能妙徼浑然，语无执著。庄子称孔子以六经说老聃，老聃云六经先王之陈迹也，岂其所以迹哉？夫迹履之所出，而迹岂履哉？盖道家之意，读古人书，须超以象外，得其环中，不可泥于陈迹而屑屑为之。此不独老子为然，伊尹、太公无不如此。是以伊尹、太公之书，《汉志》均在道家。汉初张良受兵法于黄石公，及郦生说汉王立六国后，张良藉箸破之，乃谓用客之谋，大事去矣。何则陈涉之起，势孤力薄，故张耳、陈馀说以树党益敌，以分秦力。至楚汉相争，势已不同，楚强汉弱，力不相侔，再立六国，将必尽为楚灭耳。时之相去不过四五年，利害之不同已如此。自非道家，谁能观于时变而应用其术？张良之可入道家者殆以此也。厥后惟李泌为能继武耳。至以史籍视同人家之契券者，老子有言，有德司契，契正不可不读者也。若一家之主，束置契券，不加观览，不自知其资产之多寡，其昏瞆将如何？然执政者之于国史，亦犹家主之于契券矣。

昔在东京时，闻民党中人言，满洲沙漠之地，本非我土，可放弃也。此即不看旧契之过。今试一稽史实，以确证满洲之为我疆我理。《史记·匈奴传》燕将秦开袭破东胡，东胡却千余里，遂置辽东、辽西郡。辽东地及朝鲜，辽西为今锦州至滦西一带。汉武析辽西而置乐浪、玄菟，即清时所谓东辽道，在兴京之东，长白山东偏之地。乐浪盖在今朝鲜平安道一带。直至永嘉之乱，胡骑蹂躏，遍于北方，辽东始不复为我有。唐初虽灭高丽，亦不能奄有辽东。南宋则甘以小朝廷自居，河北尚不能保，遑论辽东！明初冯胜破降辽东，置辽东都指挥使司，仿佛今之特别区，以都指挥使为长官，其下有卫，亦有学校，有教官。士之应科举者，得与顺天乡试。永乐时更立奴尔干都司，统辖建州海西诸部。清时于黑龙江发见奴儿干都司碑，可见明廷威力之远被，明宣宗时在松花江设造船厂，命镇辽东都督佥事巫凯董其事，凯尝请罢其役，旋罢旋兴，此松花江造船厂当即今之吉林，清人称吉林为船厂，直至民国犹然，即因明时造船于此而沿用此名也。由此观之，不但辽东早为我有，即吉、黑亦久在版图之内。当辛亥南京政府成立时，余知张季直曾随吴长庆至朝鲜，谙于东北情形，因以满洲不宜放弃之意见质之。张亦言断不可弃，于是作文通告全国，凡主张放弃东省者，卖国贼论。一时议论为之一正。至言满洲沙漠地者，由未履其地而妄揣测耳。亦未思沙漠之地断无大川巨流，例如新疆沙漠，河润至此，即渗入地中。今满洲有松花江、黑龙江通流其间，其非沙漠，可想而知。孟子云生于其心，害于其政。今兹东北沦陷，国人或尚以前此满洲可弃之心理自相慰藉。此由不阅旧契，故不知自家资产之多寡也。

又如安南，自秦置南海、桂林、象郡，尉佗更役属瓯骆，其地奄有今之两广、安南。南海者今之广东，桂林即今之广西，象郡则今之安南。汉时更分设三郡，曰交趾、九真、日南。后汉交州刺史兼治两广诸地。两晋、六朝均为郡县。唐调露初设定南都护府，属岭南道。安南之名由此始。唐德宗时宰相姜公辅即为日南人。其地士子之科举仕进，无不与其他州郡同。唐末五代属于南汉，后为丁琏所据。宋开宝八年，授琏为静海军节度使，八年封交趾郡王，名义仍属中国。至南宋始独立为国。明永乐时黎季犛杀陈氏宗族而自立，成祖命沐晟、张辅进讨平之，设交趾布政司统其地，置百官，立学校，以经义诗赋取士，士子彬彬有华风。宣宗间尝放弃，世宗十九年莫登庸归降，始削安南国为安南都统使司，改十三道为十三宣抚司，直至明亡，无大变更。清康熙时册封黎维禧为安南国王，乃始确认其为藩属矣。其与安南比邻之缅甸，明时设有宣慰使，为云南土司之一。是以桂王之入缅甸，并不以为越境。至清乾隆时征缅甸无功，缅甸亦惧为暹逻所逼，遣使入贡，清廷因赐册印封为缅甸国王。于是缅甸亦独立而为藩属。此皆详载史籍，凡属国民，固不容不熟记者也。远者且不必论，若明代疆域，去今仅数百年。而满洲、安南、缅甸诸旧事能熟记者，已无几人。左宗棠征服新疆，不可谓无才气，然安南让于法国，缅甸让于英国，未闻左有一言之诤谏，岂其暮气已深，畏难而苟安耶？恐亦为旧契之不甚了了故耳。

民国以来，国人对于史事亦甚疏忽矣。或且鄙夷旧契，不屑观览。甚有怀疑旧契者，于是日蹙百里，都在迷离惝恍之中，使人人而知保守其旧契，家国之事，当不至此。

据《制言》第52期

＊此为章太炎1934年2月在章氏国学讲习会的演讲，由王乘六、诸祖耿记录。

论经史实录不应无故怀疑

经史传世，江河不废。历代材智之士，籀读有得，施之于用而见功效者，不胜偻指；然以考信自矜则寡。盖经除今文、史除杂史而外，率皆实录。实录者，当时之记载也。其所根据，一为官吏之奏报；二为史臣所目击；三为万民所共闻，事之最可信者也。其有传闻异辞而记载歧异，经后人之考定者（如司马温公《通鉴考异》之类），取舍有准，情伪自明，歧异之说，遂成定案，斯亦实录之次也。至若帝王初兴之瑞象，语涉怪诞，于理必无，且非史臣所目击，万民所共闻，奏报之所有，自然乖于实录。其或当时史臣，阙于记载，后人据私家著录，掇拾成书，如史公作《史记》时，六国史记俱尽，苏秦、张仪、鲁仲连之语，皆据其自著之书，语虽非伪，然诸人自言其效，未免夸大，非事实所真有。以无国史，不得不据此乖于实录之言耳。后此宋祁《唐书》，好采小说，时吴缜已纠其缪矣。舍此以外，虽有曲笔，十约八九可信，斯实录之所以可贵也。经史所载，除今文、杂史而外，大氐实录，后人无容置喙。王充之徒，于古籍加以驳正，非驳辨经史正文，乃是正汉初诸儒说经之失当，与夫讥弹当时诸子所载之不合情理耳，非今人所谓怀疑也。刘知几抱孤愤而作《史通》，据《竹书纪年》以疑《尚书》，不知《竹书》非当时之实录，乃魏安釐王时追记商周之事，事隔千年，如何可信？据之立论，真所谓以不狂为狂矣。前人疑古，惟韩非为有特见。然法家之言，过于执滞，未为通方之论。《难》篇论舜耕历山，期年而畎亩正；渔于河滨，而渔者让坻；陶于东夷，而器不苦窳，终以"当时尧安在"五字难之，谓圣人明察在上位，将使天下无奸，令耕渔不争，陶器不窳，舜又何德而化？舜之救败也，则是尧有失也。贤舜则去尧之明察，圣尧则去舜之德化，不可两得也。又《五蠹》篇言尧舜禅位，实无足称。其说曰尧之王天下也，茅茨不翦，采椽不斫，粝粢之食，藜藿之羹，冬日麂裘，夏日葛衣，监门之养，不亏于此矣。以是言之，古之让天子者，是去监门之养，而离臣虏之劳也，不足多也。余谓韩非之言，乍闻似觉有理，细察乃知可笑。何者？尧之在位，不过使人民安乐而已，非能化全国之人，俱进于德让也。如果能之，何以不能化亲近之四凶哉？韩非疑尧与舜不能两得，乃过言矣。又帝王之尊，无论其自苦何若，要必拥生杀予夺之大权，昔人谓："夸者死权，众庶凭生。"盖平民惟计衣食，夸者乃不肯释权也。刘裕一生俭素，土制屏风，葛作灯笼，生活与尧相似，然未闻辞去帝位。梁武帝五十而断房室，豆羹粝饭，日只一餐，无鲜腴之享。侯景来逼，尚不肯去其帝位。何者？生杀予夺之权在，不肯舍也。韩非之疑，以田舍翁之心，度豪杰士之腹，未为得矣。即如汉以后开国之君，无不从百战中来，躬擐甲胄，亲历艰苦，其能安富尊荣，享帝王之乐者，实无多日。试问战争时所著之甲，能过尧之麑裘葛衣乎？所食之食，能过尧之粝食藜羹乎？所居之营，能过尧之茅茨采椽乎？未闻以衣食居处之不适，而决然舍去其权位也。故韩非之说，乍闻似觉有理，细察乃知可笑。向来疑古者，多此类矣。

韩非疑古，虽未合理，尚不失为独抒己见，异于掩卷妄谈之士。今有人不加思索，随他人之妄见推波助澜，沿流而不知返者，其愚更可哂也。日本开化在隋唐间，至今目睹邻近之国，开化甚早，未免自惭形秽，于是不惜造作谰言，谓尧、舜、禹为中国人伪造。非但如此而已，即秦皇、汉武之丰功伟烈，《史》《汉》所载彰明较著者，亦不愿称说。其所常言，多举唐太宗以后事。此其忌刻之心，不言可知，而国人信之，真可哂矣。

日本人疑禹治水为无其事，彼谓九州洪水，何能以一身治之？以此为口柄，真浅薄幼稚，不值一噱。夫禹之治水，合天下之力而己督率之耳。名山三百，支川三千，岂尽一己手足之力，孜孜而治之哉？自来纪载功绩，但举首领，不及其余。东汉治河，河堤使者王景独尸其功，明则河道总督潘季驯，清则河道总督靳辅，皆以治河著称。此岂三人一手一足之力哉？亦集众人之功而总其成耳。非惟治河为然，其他各事，殆无不然。即以战功言之，策动独在大将，其实斩将搴旗，皆属士卒之事。岂真为首之大将，徒手搏击而取胜哉？日人不思此理，悍然断禹为伪造，其亦不明世务，而难免于大方之笑矣。因其疑禹，遂及尧、舜，吾国妄人，不加深思，震于异说，贸然从之。呜呼！国家未亡，而历史先亡，可哀也已。要知凡后人伪造之书，只能伪造虚文，不能伪造实事。关于天官、地理，更难伪造。夫伪造《尧典》《禹贡》者，果何人哉？远则孔子，近则伏生，舍此无可言者矣。然《禹贡》所载山川，有孔子前早已失去者，盖东周时四夷交侵，边地之沦于夷狄者多矣，如梁州"蔡蒙旅平"，孔颖达正义引《地理志》云，蒙山在蜀郡青衣县；应劭云，顺帝改名汉嘉县。按即今四川之雅州，孔子时蜀西尚未交通，但知蜀东有巴国而已，决不知有所谓蒙山者，何从伪造蔡蒙旅平之言哉？又兖州"九河既道"，九河故渠，在孔子时已绝，郑康成谓为齐桓公所塞，孔子又何从而知之？如云非出孔子之手，而为伏生所造。伏生时蒙山虽在境内，九河亦淤废久矣。且雍州"原隰底绩，至于猪野"，"又导弱水，至于合黎，余波入于流沙"，猪野在汉属张掖，合黎在汉属酒泉，均在今甘肃西部，汉时所称河西四郡者，其地在七国时已沦于匈奴，至休屠王降汉，方入中国版图。伏生时决不知有此地，何以猪野、合黎，言之凿凿？岂孔子、伏生真如《新旧约》所云全知全能之上帝，能后知未来，前知往古者乎？此以地理言也。又就天象考之，古人以昏中之星验天，而《尧典》所言中星，与后世所见不同。《尧典》言："春分日中星鸟，夏至日永星火，秋分宵中星虚，冬至日短星昴。"鸟者，朱鸟之中星也。火者，苍龙之中星也。虚者，玄武之中星也。昴者，白虎之中星也。此与孔子、伏生时所见，截然不同。孔子去尧约一千八百余年，伏生去尧约二千一百余年，而吕氏作《月令》时，上去孔子二百年，下去伏生百年，时皆未久，然其所云仲春之月则昏弧中，仲夏之月则昏亢中，仲秋之月则昏牵牛中，仲冬之月则昏东壁中，与《尧典》所云相差三十余度，如孔子、伏生伪造《尧典》，亦应据其所见，如《吕氏》所录者，以概往古，何以有如此歧异？要知相差三十余度者，后人谓之岁差。今之言天文者，无人不知此理，而古人未之知也。何承天、祖冲之始知恒星伏现，年各不同，而相差甚微，积久遂致相远（语详《宋书·历志》）。何、祖去尧约二千七百余年，观察分明，于是上推《月令》，核之《尧典》，遂明岁差之故。孔子、伏生，不知岁差，乌能伪造《尧典》之中星耶？《尧典》《禹贡》既不能证其伪造，则尧、禹之不得怀疑，无待繁言而解矣。

日人不愿居中国人后，不信尧、禹，尚无足怪。独怪神明之后，史籍昭彰，反弃置不信，自甘与开化落后之异族同侪，迷其本来，数典忘祖，信可哀已。昔戴东原少时读《尧典》，至"乃命羲和"一节，即研习天文，二三年乃通其说。读《禹贡》，研习地理，又二三年乃明其义。今《尚书》《释天》《禹贡锥指》等书，所在而有，不必如戴东原之勤苦，方能通晓，乃国人不肯披阅，信谬作真，随日人之后，妄谈尧、禹之伪，不亦大可哀乎？此种疑古，余以为极不学可笑者，深望国人能矫正之也。

史有事实离奇，难于确然置信者，其故盖由于实有其事，而描写过甚。此类之事，如与大体无关，则存而不论可也。《史记·留侯传》记高祖一见四皓，即憪然心服，废立之举，竟不果行。司马温公《通鉴》疑而不载，以为高祖暴亢，未必为畏惮四皓而止。又隐士之事，史乘亦多离奇。如《后汉书·严光传》光以足加帝腹上，明日，太史奏客星犯帝坐甚急。《通鉴》载之甚略。余谓高祖虽暴亢，顾生于七国，礼贤下士之风，知之有素，四皓高尚其事，今乃降心于惠帝，疑惠帝真是可辅之主，今即废立，未必不贻后患，以故遂止，是亦情理之可通者。子陵之事，出于偶然，足加帝腹，恰值天文之变，史臣认为有关，遂致牵附，亦不能指为必无。以故史中诸事在疑信之间者，皆应存而不论，不应悍然生疑，以上斥疑古之非。竟。

复次，今人以为史迹渺茫，求之于史，不如求之于器。器物有，即可证其必有，无则无从证其有无。余谓此拾欧洲考古学者之唾余也。凡荒僻小国，素无史乘，欧洲人欲求之，不得不乞灵于古器。如史乘明白者，何必寻此迂道哉？即如西域三十六国，向无史乘，倘今人得其器物，则可资以为证耳。其次，已有史乘，而记载偶疏，有器物在，亦可补其未备。如列传中世系籍贯、历官之类，史或疏略，碑版在，即可藉以补苴。然此究系小节，无关国家大体。且史乘所载，不下万余人，岂能人人尽为之考？研求历史，须论大体，岂暇逐琐屑之末务？况器物不能离史而自明。如器有秦汉二字，知秦汉二字之意义者，独非史乘所诏示耶？如无史乘，亦无从知秦汉二字为何语也？即如陕西出土之秦汉瓦当，知陕西为秦汉建都之地，乃史乘之力。据史乘，然后知瓦当为秦汉之物，否则又何从知之？且离去史乘，每朝之历年即不可知，徒信器物，仅如断烂朝报，何从贯穿？以故，以史乘证器物则可，以器物疑史乘，则不可。以器物作读史之辅佐器则可，以器物作订史之主要物则不可。如据之而疑信史，乃最愚之事也。

不但此也，器物之最要者，为钟鼎、货币、碑版，然钟鼎伪造者多，货币亦有私铸、伪造二者。碑版虽少，今亦有伪作者矣。《韩非子·说林》齐伐鲁，求谗鼎，鲁以其赝往，是古代已有伪造之钟鼎也。又《礼记·祭统》卫孔悝之鼎铭曰"六月丁亥，公假于太庙"。据《左氏》哀十六年传，"六月，卫侯饮孔悝酒于平阳，醉而逐之，夜半而遣之"。孔氏正义谓即此六月中，先命之，后即逐之，此语最为无赖。夫铸鼎刻铭，事非易易，何能以旬日遽成？以

《左传》所载为信，则孔悝之鼎赝而已矣。今人如欲以古器订古史，第一须有精到之眼光，能鉴别真伪不爽毫厘，方足以语此。无如历代讲钟鼎者，以伪作真者多，甲以为真，乙以为伪；乙以为真，丙以为伪。彼此互相讥弹，卒无休止。钟鼎自不能言，而真伪又无定法可求，何能得其确证哉？且钟鼎及六朝前碑版所载，多不甚著名之人，稍有名者，即无物可证。夫论史须明大体，不应琐屑以求，如云今人有四万万之多，我能知两万万人之姓名，事固非易，要亦何用？今以古器证史，则可知其人之必有者，盖无几矣。如秦半两钱在，秦诏版在，秦权、秦量在，可证始皇之必有其人矣。然汉高祖即不能证其必有，何也？铜器、货币均无有也，无从证也。王莽二十品钱（六泉、十布、错刀、契刀、货泉、货布）均在，所谓新量者（真假姑不论）亦在，王莽可证其必有矣。然光武则不能证其必有。何也？铜器、货币均无有也，无从证也。史思明顺天钱、得壹钱均在，今北京法源寺有悯忠寺宝塔颂，镌御史大夫史思明之名，是史思明可证其必有矣。然安禄山则不能证其必有。何也？货币、碑版，均无有也，无从证也。以故，以器物证史，可得者少，不可得者多。如断线之珠，无从贯穿，试问始皇有，高祖未必有。王莽有，光武未必有。史思明有，安禄山未必有。尚成其为历史耶？

以钱币论，唐以后铸钱，皆用年号。然宋仁宗改元九次，皇祐、康定之钱，传世无几，宝元以一钱须叠两宝

（宝元，通宝也），未铸，铸皇宋通宝，如以无宝元钱故，即谓宝元之年号乃伪造。可乎？又明洪武时铸洪武钱，其后历朝沿用，嘉靖时补铸历朝之钱，然以永乐革除建文年号，故建文钱独不补铸，如以无建文钱故，谓建文一代之事，悉系虚造。可乎？果如今世考古之说，钱之为用，非徒可以博当时之利，且可以传万世之名，则钱之为神亦信矣。惜乎晋人作《钱神论》者，只知其一，不知其二也。

以碑版论，昔隋文帝子秦王俊死，王府僚佐请为立碑。文帝曰："欲求名，一卷史传足矣，何用碑为？"此语当时谓为通人之论，如依今人之目光言之，则此语真不达之至矣。何者？碑可恃，史不可恃也。然则碑版非徒可以谀墓，几可生死人而肉白骨矣。

且也，钱币造自政府，铜器铸由贵族，碑版之立，于汉亦须功曹、孝廉以上，而在齐民者绝少。使今有古代齐民之石臼在，亦无从知其属于何人，如此而谓周、秦、汉三代，除政府、贵族、功曹、孝廉而外，齐民无几也。非笑柄而何？

钟鼎、货币、碑版三事之外，有无文字而从古相传为某人之物者，世亦不乏。如晋之武库，藏孔子履、高祖斩蛇剑、王莽头三物。孔子履，其上并无孔子字样。高祖剑，未知有铭与否？王莽头，当然头上不致刻字。此三物者，武库失火，同时被焚，以其失传。谓孔子、高祖、王莽均属渺茫。可乎？设或不焚，王莽之头亦无从知其确为王莽之头也。履也、剑也，亦无从知其属于谁何也。何也？剑与履不能自言也。

又有文字本不可知，而后人坚言其为某某字者，如《西京杂记》载夏侯婴求葬地，下有石椁，铭曰："佳城郁郁，三千年见白日，吁嗟滕公居此室。"《啸堂集古录》载之，字作墨团，汗漫如朵朵菊花，当时人妄言此为某字，彼为某字，夫铭之真伪不可知，即以为真，又何从知其甲为某字，乙为某字哉？今人信龟甲者又其类也。

由此言之，求之于钟鼎、货币、碑版，而钟鼎、货币、碑版，本身已有不可信者。况即使可信，亦非人人俱有。在古器者皆不甚著名之士，则齐民又大率无有。有文字者如此，无文字者，更无从证明。如此，欲以器物订史，亦多见其愚而已矣。

夫欧人见亡国无史，不得已而求之器物，固不足怪。吾华明明有史，且记述详备，反言史不足信，须恃器物作证，以为书篇易伪，器物难伪。曾亦思"书者，契也"。前人契券，流传至后，后人阅之，即可知当时卖买之情状，虽间有伪造，考史者如官府验契，亦可以检察真伪，如不信史而信器，譬如讼庭验契时，法官两造，并不怀疑，忽有一人出而大言曰："契不足恃，要以当时交易之钱作证。"此非至愚而何？妄人之论，本不足辨，无如其说遍于国中，深恐淆惑听闻，抹杀历史，故不惮辞费而辟之，使人不为所愚，以上斥恃器证史之谬。竟。

  据《章氏星期讲演会记录》第 4 期，1935 年 5 月
 ＊此为章太炎 1935 年 5 月在章氏星期讲演会上的演讲，由王謇、王乘六、吴契宁、诸祖耿记录。

略论读史之法

读史之法，一时言之不尽。今略论其大概，分三层言之。先明史之大体，次论史之优劣，三示读史之宜忌。

一、史之大体。自古相传，动则左史书之，言则右史书之。言为《尚书》，事为《春秋》。其实不然。《春秋》经文固是纪事，《尚书》则不专纪言，纪事之处亦多，特是未成之史，所谓史料者尔。《尚书》之外有《逸周书》，与《尚书》性质相同，纪事而亦纪言，要皆未经编次之史料也。《春秋》与《左传》为表里。《左传》兼备事言，是故拘于事言之分，正未必然。后人论史，以纪传之体为正史，编年之体为古史。论其性质，则本纪仍为编年，惟与《春秋》不甚同耳。无本纪，编年不能成。史公作本纪，复作表以辅之，年经月纬，较《春秋》为详。纪表之外，有世家，有列传。世家惟《史记》可有之，后不当有。列传变《春秋》之体，《春秋》以事为主，列传以人为主也。《史记》之八书与他史之志，职官等于《周礼》；《礼志》等于《仪礼》；《天官》《地理》，古所未有；《禹贡》虽略载山川，而不详郡国；《乐志》详载郊祀歌，体类《诗经》。

盖马、班之意，在隐括六经之旨而成文。故于《书》《诗》《礼》《乐》无所不该。论其大体，则主于《春秋》也。后人以为纪传之体不主于事，而主于人，于是有繁省不明之弊。如语在《项籍传》，语在《高祖纪》，参差回互，缴绕不清。故荀悦、袁宏仍有编年之作。编年之史，在昔只有《春秋》而已。刘知几谓，凡纪言之文，应别立一种。然不善编排，史籍将变为文集。章实斋以之修志，此为好奇，未可法也。世家之体，原本封建。封建既废，即无所谓世家。载记之名，较世家为妥，始于《东观汉纪》，记光武初群雄并起之事。当时群雄皆各称帝以号召，故不应称曰世家。然陈涉之事，及身而止，亦不应称世家。如称载记，与晋十七国之事相同，即无可非议。《史记》无载记之名，欧阳修重作《五代史》，壹以史公为法，于南唐、前后蜀、南东汉、楚、闽、吴、越均称世家，其实不合。当时仅吴越钱氏、荆南高氏服从中央，其余则否，安得皆称世家哉？欧阳之意，一则刻意摹古，再则《旧五代史》荒谬泰甚，凡服从中央者称世袭列传，不服从者称僭伪列传。五代纷争，僭与不僭，何从定之？欧阳所以悉改为世家，不知称载记即无病，称世家犹未当也。又如《明史》有《流寇列传》。李自成转徙不常，目为流寇，名实未背。张献忠定都四川，则不得以流寇目之。《清史稿》记郑成功、洪秀全别为一类。郑有帝号，洪称天王，不能以诸疾〔侯〕之礼待之。如曰载记，即名实相副矣。此外非史公所有，而后人有一得可采者，世纪是也。阿骨打未起以前，其祖已为酋长，统率数千人矣。托克托等修《金史》，于本纪之前别列世纪，其意与《始皇本纪》之前有《秦本纪》相同。魏收作《魏书》，拓跋珪前二十七代均入《帝纪》，不合史法，识者所笑。若列为世纪，则无可訾矣。清之初起，世受明封，非草泽英雄可比。《清史稿》不列世纪，直以本纪发端，载清太宗事如草泽英雄，亦无当于史法也。载记《史》《汉》所无；世纪史公有其义而无其名，虽出后人，实为史中要目。

　　他如列传之标题，《史》《汉》尚少，后出愈多，史公列日者、龟策，已甚无谓。刺客后不常有，滑稽亦无须标目，独货殖为重要。民间营利之事，非《食货志》所载者，固当详为纪述，至儒林、文苑之分，出于不得已，未可厚非。叛逆之名，《新唐书》始有之，前此唐修《晋书》，王敦、桓温并未别立叛逆之号。余谓列传标目与否，当以人数为断。多则宜标，少则宜省。儒林、循吏人非少数，固当标出。至于叛臣，人数实少，何必标也？奸臣传之名亦后起。奸臣与佞臣有别，若董贤为祸之大，但入佞幸传。奸臣当谓能害人者，不能害人，不得称奸臣也。唐有《奸臣传》，清史无之，若和珅辈只可称佞臣耳。《晋书》始有《忠义传》，其后凡一战而死者，皆入《忠义传》。然则昭忠祠血食之士，无虑千万，皆可列入耶？方望溪、全谢山迂腐之见，以《史》《汉》无《忠义传》为憾，不知其人果卓然有所表见，入列传可矣，何必标忠义之名哉？《宋史》于儒林之外，别立《道学传》。后之论者，谓宋人重道学而轻儒林。然史公于《儒林传》列说经之士，孟、荀大儒则特立一传，附以九流，由此知后世儒林、道学之分亦非无见。惟孟、荀仅二人，故不别为标题耳。钱竹汀谓宋世表章道学，程、朱诸贤应特立传，不必列入道学传，斯言得之。列女传起于《后汉书》，刘向别为《列女传》。有事即书，不别贤否，如蔡文姬节义有亏，而《后汉书》亦传之。其后变列女为烈女，稍有失德，即遭贬弃。自唐以来皆然，此失古人之意者也。

二、史之优劣。一部二十四史，人皆以太史公书第一。宋人乃以欧阳《五代史》比《史记》。其实何可比也？非徒文章不可比，即事迹亦不可比。《史》《汉》本并称，六朝、隋、唐已有《史》《汉》优劣之论，方望溪必欲推尊《史记》，压倒《汉书》，实非通论。要知《史》《汉》各有优劣，史公《乐书》全采《乐记》，优于何有？《汉书·礼乐志》，乐不过郊庙之礼，礼是空论，至若叔孙通之《朝仪》，应入《礼书》，而二家皆不载。至今一无可考，史公、孟坚皆不能辞其咎也。

有古史如此作而后人不应如此作者，如《天文志》。古代史官，兼掌天文。《史记》有《天官书》，《汉书》亦有《天文志》。测天之法不同，应著《天官书》以明之。若仅采护陈文，指明星座，则陈陈相因，何所用之？地理本史家之要，而《史记》不志。《五行志》亦《史记》所无，而《汉书》有之。其实董仲舒辈所言，于今观之，不值一笑。其后《符瑞志》更无谓矣。《明史·五行志》载牛生马、角生背、人有两头诸怪事，不载应验之言，似已明悟，实则《五行志》载生物之变异，可为生物学之参考，要亦无大用处。又史公重视游侠，其所描写，皆虎虎有生气。班氏反之，谓之乱世之奸雄，其言实亦有理。是故《史》《汉》之优劣，未可轻易下断语也。

《史》《汉》之后，首推《后汉书》。刘知几作《史通》，不云《后汉书》有曲笔，于《史》《汉》却有微词。实则范蔚宗之修《后汉书》，时隔数代，直笔无妨。且蔚宗于史有特识，不仅直笔可贵，如伴食宰相，仅载本纪，不特立传。在野有名之士，王符、仲长统之流，皆为立传。其他官位卑微而入传甚者多。朱文公作《纲目》，即采范书所载，如"曹操自为丞相""曹操自立为魏公""加九锡""曹操进号魏王"，皆采自《后汉书·献帝纪》。华峤《后汉书》今不可见，疑峤书本善，而范书袭之，观蔚宗自序，称诸序论笔势纵放，实天下之奇作，其中合者往往不减《过秦篇》，尝共比方班氏所作，非但不愧之而已。不称叙事之善，而云议论之美，恐叙事直笔，华峤已然，故但称己之序论而已。惟华歆破壁牵伏后，华峤必不肯载。孔融临死，二子围棋，此事出吴人《曹瞒传》耳。

陈承祚《三国志》，前人讥之，谓不应以魏为正统，清人为之回护。余不谓然。桓、灵之恶,甚于桀、纣。曹操代汉,政治修明。虽其初起时,孔融之徒有不满之意,谓之正统,亦何不可?然司马温公谓刘备出于中山靖王后者,实亦如南唐之自称出于吴王恪,则未必然。刘备之自称宗室,若为诡说,曹氏应加反驳。曹氏不反驳,其为公认无疑。此盖与光武为长沙靖王之后相同。惟光武世系明晰,中山靖王至刘备则不能数耳。然必云正统,义有未安。桓、灵之当认为帝王与否?实为问题。而刘备之兴,又与光武不同。光武名号官制,必复汉家之旧,谓之正统可也。刘备何尝如此?故陈书三国鼎立,立意未尝不公。然于吴、蜀尚有分别,称蜀主死曰殂,称吴大帝之死曰薨。吴夫人立为皇后,而称之曰夫人,于蜀则称曰后。此实不合史法,使后人为之,即成笑柄矣。

四史之后,人以南北史最佳。宋、齐、梁、陈诸史繁简不当,《魏书》又有秽史之目。惟《北史》是非最为公正。唐人心理,以北朝为正统。以唐承隋,隋承周故。然南北史并立,南方帝王死,《北史》书之曰殂;北方帝王死,《南史》书之曰崩,此其病也。

唐人所修,前有《晋书》,后有《隋书》,其他尚有《梁书》《陈书》等。《隋书》以志见称,以其皆为专家所作也。《史通》云撰纪传者颜师古、孔颖达,撰志者于志宁、李淳风、韦安仁、李延寿、令狐德棻,皆一时之选也。《晋书》专记逸闻,体近小说,然后人亦有称之者。盖自

《史》《汉》以下，可于列传之中看出其人性质产地者，首推《晋书》。观《史记·司马相如传》，可知其为四川人。观《屈原传》，可知其为两湖人。至于《晋书》列传各人之性质风度，无不栩栩欲活，安得以轻薄而少之？

《旧唐书》《旧五代史》体例本不甚佳，刘昫、薛居正伴食宰相耳，与雅擅文名之欧阳永叔、宋子京相较，宁止天渊？然吴缜作《新唐书纠谬》，驳正四百余事，真所谓百孔千疮矣。案子京《新唐书》文省于前，事增于后。唐人小说悉以为载笔之资，实则小说悠谬之词，何足信赖？何如《旧唐书》之一依官书为可信哉？是以司马温公修《通鉴》采《旧唐书》多，采《新唐书》少。于《五代史》亦然。夫历代史藉皆由官修，独《新五代史》为私家著作。私家采访，必不能普及，故至于清代，两旧史仍列入正史。《新唐书》竭力摹拟昌黎，《新五代史》竭力摹拟《史记》《春秋》。目标愈高，笔力愈不易到。论其事实，旧史实胜于新史。即以《新五代史》职方考、司天考而论，当十国错乱之际，职方固甚重要，司天亦何用哉？

其后《金史》有元遗山手稿，尚足称道。《宋史》繁琐，凡宰相必列传，官位稍高亦无不列传，甚至一人两传，何其芜杂也？《元史》仅修一年，蒙古人名氏易混，一人两传，尚不足怪。短中取长，惟《辽史》耳。

《明史》大半取诸万季野《明史稿》。今万氏原稿不可见，闻但有列传，而无表志。近朱逖先买得原稿，其为真伪不可知。惟列传多于今之《明史》。又王鸿绪《明史稿》传后无赞，今通行本每一传后有赞，事实与原本无异，恐亦如范蔚宗之书原本于华峤也。《明史稿》所以优于《明史》者，福王、唐王、桂王事为之特叙。《明史》则附于《三王宗室传》中，先后倒置，眉目不清，此其一也。《明史稿》于府县设置之沿革，备著年月，甚见清楚。重修《明史》皆删去之，此其二也。

今之清史，袁金铠、金梁等不知而妄作，更多著无关重要之事，体例至不纯粹。且清室遗老秉笔修史，是非必不公允。即如皇太后下嫁一事，证据确凿，无可讳饰，今一概未杀，何以传信？最大之病在不列世纪。纪清太祖之初起，壹似草泽英雄，有乖实录甚矣。然则清史非重修不可。今以《清史稿》开罪闻人，禁不发行，不知史之错误有二。小节出入，错误之微末者也，不难加以修正。大体乖违，则错误之深重者也，非更张不可。如以努尔哈赤写作草泽英雄，焉可以信今而传后哉？要之《清史》较《宋史》、《元史》稍优，不致有一人两传之误，然比《明史》尚不逮。余谓今人修史，如文章欲力追秦、汉，则古今人不相及。无论《史》《汉》，即范、陈亦不易及。前人称南北史为优，其实《隋书》《明史》亦尚可观。如能与方驾，已为上乘。读史不必问文章之优劣，但须问事实之确否。至于议论，各人有其特见，正不必以人之议论为己之议论也。

三、读史之宜忌。读史之士学力不同，识见亦异。高者知社会之变迁，方略之当否，如观棋谱，知其运用，读史之效可施于政治，此其上也。其次考制度，明沿革，备行政之采择。正史所载，未必完备，典章制度，不得不参考《通典》《通考》诸书，譬如地理、职官二门。职官须明权限之异同，不得但据其名。地理应知交争之形势，道里之远近，要知历史上之地理，不与今之地质学、地文学相同。今人讲地理，建置沿革尚能通晓，惟有一说疑不能明。《汉书》述诸夏区域东西一万三千余里，南北九千余里。历代相沿此说不变。宋土逼窄，犹作此语。汉尺短，用清营造尺比汉尺，则汉一尺得清营造尺七寸四分。汉一万里为清七千四百里。今自蒙古至琼州只六千里，焉得有九千里？明尺即今木尺，一尺等于营造尺九寸，则万里当有九千里，数亦与今不符。汉人之言，犹可诿之测量未精，故有是误。晋裴秀为司空，作《禹贡地域图》十八篇，已知测量之法矣。六朝时遵用之，唐贾耽则有《禹迹图》《华夷图》，刘豫刻之西安，今存西安府学，观其里数亦觉过大。盖当时虽知测量，仍不知北极测地之法也。《周礼》职方氏所云九州之内东西南北相去七千里，其外相去一万里。以汉尺七四计，尚得五千一百八十里。本部南北相去断无此远，古今人皆以为疑。近人廖季平乃谓职方氏是指全地球而言。实则自汉至明，里数总不确实，凡为测量未精不知北极测地之法故也。

职官之学有职官沿革表可供参考，然有名同而实异者，不可不加审辨。如唐之六部与《周礼》六官不同，此前人已知之。《周官》冢宰乃唐之尚书令，非唐之六部也。《周礼》天官，大宗伯在汉为九卿，至清大理、太常、太仆则虚名耳。明太仆寺尚须养马，清则无其事矣。光禄寺不知起于何时，清光禄勋本郎官，不知何以变为庖厨之职？汉之鸿胪如后之理藩院。此皆名同而实不同者。古今职官名实相同者仅有县令，清之知县犹是汉之县令也。以知府比太守，即已不符。顾亭林谓太守如督抚，此语良然，以其有兵权也。日本人译西洋官制之名，于〔中国〕台湾、朝鲜则曰总督，称印度、〔中国〕香港之最高长官即曰太守，不知是否西洋文之本意如此？抑故意作此译名也？实则守之大小，本无规定。明代总兵镇守边陲，亦称曰守。以故印度总督可比太守，香港只可比巡检司而已。汉之太守与后之知府，不但名不同，实亦不同。研究职故官不应取其名，务须稽核其实。古今官制，屡改不一改矣，决非但见其名相同即可谓是同一职掌也。

他如古今度量衡之变迁沿革，亦不易知。要之考制度以裨有政，乃读史第二等事，其效已次于职方略知运用也。

读史所最忌者，妄论古人之是非是已。宋人往往好以当时之是非衡量古人，实则古人之安危利害，不应以后人之目光判断之。后人所应纠正古人者，乃如华歆，魏、晋人均赞扬之，魏之代汉，歆颜色不悦，曰我本汉臣。此之矫揉造作，而曹子建信之，何也？又如古称扬雄，几于圣人，司马温公尚然，而后人訾之。以余观之，雄不过常人而已。

复次借古事以论今事，所谓借题发挥者，亦读史所忌。王船山《读通鉴论》，于范文正贬官，欧阳修、尹师鲁、余靖与之同去，以为好名。后之朋党，即由此起。实则宋之朋党起于神宗时，范、欧四贤曷尝有此心哉？明怀宗时流寇猖獗，朝臣多议南迁，光时亨曰"国君死社稷"，以此而止。船山于时亨不加訾议，乃力斥李纲，以金人来侵，纲力主迎战，与时亨同也。不知南宋迁亦亡，不迁亦亡。其时宗泽尚在河北，所以不能成功者，以黄潜善等沮之也。如船山之言，南迁而守东都，东都亦岂易保哉？船山史论常以宋事影射明事，后之读史者往往以此矜夸。夫作诗有寄托，发感慨，原无不可，然非所语于读史也。读史当论大体，以为判案，岂可逞臆而断也！

据《制言》第53期

* 此为章太炎1934年2月在章氏国学讲习会的演讲，由王乘六、诸祖耿记录。

关于《春秋》的演讲

《春秋》为史学之祖,班马之流,皆从之出。后人以其出自圣人,遞相推尊,名之曰经,而与史泾渭分矣!中国古无完全之史法,《尚书》记言,可称史矣,而略于日月,故如九年春,而不书元,后世遂有谓为文王之九年者矣,或有谓如武王之九年者矣。《尚书》称文武王皆曰见于《逸周书》。《春秋》之出,当不在周初,《周礼》太师、外师、少师所言,皆不见于《春秋》。《春秋》起于周宣王时,《墨子·明鬼》篇引周之《春秋》,而周宣王事不举,而太史公《十二诸侯年表》,亦不纪宣王以前年月,盖可知矣。然此首出之《春秋》,周之《春秋》也,各国之《春秋》又有先后出者焉,厥始自晋,晋穆后生太子名之曰仇……然亦不纪年月,史迁《十二诸侯年表》亦不记之,此事在宣王时,则晋之有史,最先盖可知也,次秦文公初有史记,次宋,次齐,次鲁……隐公前一百十九年事无所记。厥故何耶?盖各国史法,悉由太史颁布,晋、秦近周,宋、陈稍远,齐、鲁更远,故国史亦先后出也。

世皆谓孔子作《春秋》,然《左传》曰:"《春秋》之出……非圣人孰能修之？"则《春秋》非孔子作，可知也。即孔子所修，亦寥寥耳！《左传》述孔子之意者，如宋杀其大夫孔父，及天王狩于河阳是也。然史迁又言其见于旧史，则此亦非夫子之创矣。

夫史者国家之公器，非可私自修删者也。孔子不在其位，不谋其政，不可得而修史。意者夫子与鲁太史相稔故以修史之事相属乎？私修国史者有罪——班固曾以此得罪——故夫子曰："罪我者其惟《春秋》乎？"又曰："其义则丘窃取之矣。"曰罪，曰窃，私修之意，显然可知。后人以孟子曰"天子之事也"，遂予夫子以天子之位尊之曰素王，又以左氏为素臣，谬矣！盖事者职也；职，记微也，从史；而史者，从又执中，司其事也，则知《春秋》乃官书，非司其事者，不得书也。太史公《六国年表》曰《史记》奏上记事，汉凡各郡国事皆须上之于太史令，则《春秋》者，鲁之《春秋》，非孔子之《春秋》也，明矣！然则鲁之太史为谁耶？《史记》曰"左丘明鲁之太史也"，左氏与孔子同气相求——《论语》曰"左丘明耻之丘亦耻之"——则左氏以修史之事属孔子，固理势所可也。

周《春秋》与鲁《春秋》曷以别乎？盖周之《春秋》，天子之史也；鲁之《春秋》，诸侯之史也。诸侯之史，惟书国事；外国之事，赴而后书，不赴则不书。而赴告之确否，又不可得而辨也，其中谬误，自不可免。孔子心知其谬，故观史于周，盖非欲为《春秋》经而欲为《春秋》传也。

及至左氏，乃成其书，后人皆曰"左氏因孔子《春秋》而作《左氏传》"，实则所因者，孔子观于周室之《春秋》也。故有见于经而不见于传者矣，有经所无而传载之者矣，盖以此也。桓谭《新论》云，"经如衣之有表，传如衣之有里，相辅而行"，故左氏乃作《左传》以传经文也。则《左传》之作，不出于左氏，必出于孔子矣，否则孔子观周室之史，将何为哉？且圣门弟子之言《春秋》者，除曾子外，言者盖寡，岂不以事迹不比理论，可以空言胜也耶？惟左氏与孔子同司其事，故得而述之也。或有疑《左氏传》中，记及赵襄子之死，以为丘明之年，不及其时，然卜子寿登耄耋，丘明之年，或亦与卜子相次，则固能及之矣。

汉戴宏又倡卜子授《公羊春秋》之说，殆亦以卜子、邱明同登寿考，故傅会其言耳！考《公羊》师承渊源，实不及游、夏之世。盖世说《公羊》传五世而至汉之胡毋生，胡传董仲舒，上推其年，盖不相及也。且《公羊》之出，后于《谷梁》，谷梁及见尸子，尸子与商鞅同时，谷梁又及传荀卿，则谷梁者，殆与孟子、淳于髡同时者也，而《谷梁》所引诸子，《公羊》均冠一子字，如子沈子是也，古例冠子者，师之尊称，则谷梁之友，皆公羊之师也，先后之迹，盖可知矣！又有《公羊》误用《左氏》《谷梁》者，如《左氏》定三年传，楚止蔡侯，蔡侯归，及汉执玉而沈，曰："余所有济汉而南者，有若大川！"《谷梁》亦纪其事与《左氏》相应，盖汉水者楚汉之道也；《公羊》乃改"汉"

曰"河",遂大误矣!亦足见《公羊》后于《左氏》及《谷梁》者也。秦博士答二世,有"君亲无将,将而诛焉"盖用《公羊》语。又汉博士为高帝议谥,有"拨乱世反之正"之语,亦出《公羊》,则秦汉之间,乃有此传。意者高尝入秦,或在博士诸生列也。《孟子》言《春秋》有与《公羊》同者,则《公羊》采《孟子》也。且《谷梁》谬误,少于《公羊》,亦可见《公羊》稍后,致以所误为多,此三传之源流也。

《春秋》以日月为例,亦后世之谬说。《春秋》虽记日月,实非用以为例,日月为例之说,倡自《公羊》。盖《谷梁》与尸子为友,而尸子为商鞅之师,得见秦史,不载日月,遂据以为言,其实朝聘会同之事,至后世而益繁,故书日月,庶不相误。《谷梁》不言所据,《公羊》遂误倡其说耳!

又有谓《春秋》以一字定褒贬,是尤可笑,杜预云:"《春秋》不如《易》之爻卦,可相错综。"盖增减字句,自所难免,如吴人、鄎人皆曰人,盖用字之关系耳!非以褒贬,义至了然者也。

左邱明既作《春秋左氏传》以授曾参,参授吴起,起授子期,期授楚人铎椒,椒为魏王傅。魏王不能尽读《春秋》,椒乃为简篇,凡四十章,故后之言《春秋左氏》者,如韩非、吕不韦皆据椒之简篇,此本《谷梁》亦见之,故有用《左氏》者,盖据此本。如《左氏》"公矢鱼于棠",

《谷梁》曰"观鱼于棠"。又《左氏》"齐人来归卫俘"，《谷梁》曰"齐人来归卫宝"，又《左氏》"晋荀吴帅师败狄于大卤"，《谷梁》曰"败狄于太原"。可见《谷梁》用《左氏》文而稍改，不然，不应相合如是。其所抄袭，如此数条者用铎椒简本也。

《公羊》后于《谷梁》，亦有据《左传》而改者，然疵误之处迭出矣！如《春秋》齐栾枝来奔，《谷》《左》皆然，《公羊》则曰"晋栾枝来奔"。又"郑公孙夏帅师伐陈"，《公羊》改"夏"为"喧"，而齐仲孙（湫）来，《公羊》则曰："齐仲孙，其鲁仲孙欤？"盖见其上下文有鲁仲孙，故以《春秋》解《春秋》，不知他经皆可以经解，独《春秋》不可以经解也。《公羊》之弊，一则以《春秋》为《春秋》，一则以一字定褒贬，考厥出来，盖以不见国史，致有误传也。

后世之附会《公羊》者，倡黜周尊鲁之说，新周故宋之言，皆极可笑！夫《春秋》鲁之《春秋》也，非周之《春秋》也。故以鲁元纪年，不用周之年号，势所然也；夫子曷尝黜周等鲁哉！且夫子重礼正名，又乌有降周为诸侯，而尊鲁为君之理哉！至于新周故宋，说尤可笑，盖宋弑其君及其大夫孔父，传曰："不称名，盖为祖讳也，孔子故宋也。"《公羊》误读其文，而曰故宋，又误于"成周宣谢灾"下处新周之文，以偶之，遂有新周故宋之误矣！

又有以《春秋》春王正月、春王二月、春王三月，以为《春秋》合用三正而有通三统之说，遂以汉制寅之制，本于《春秋》。然考诸钟鼎，夏秋冬，亦多有夏王秋王冬王之称，则知古制如此，后以过烦，故举春以概其余年。《公羊》明言大一统，盖得其实，曷尝有通三统之言哉！

《公羊》又言所见异词，所闻异词，所传闻异词，以为所见太平之世也，所闻升平之世也，所传闻拨乱反正之世也，分《春秋》为三时期，而不知《春秋》二百四十年，皆拨乱反正之世也。

《左氏》曰，"卿可会伯子男"；《公羊》则曰，"伯子男一也"。伯子男同称者，如《国语》："诸侯有卿无军，伯子男有大夫无卿，天子势贵也，以公侯为官正，以伯子男为师旅。"然周制公为一等，侯伯为一等，子男为一等，及至《春秋》以往，则所改已多，然不可谓伯子男为一等，则可知也。

尚有三传所同而其名后出者，如内诸侯而外夷狄，三传同之，诸夏指其君，夷狄指其国，名曰狄曰戎是也，及《公羊》乃有其名。

汉谓书孔子作《春秋》记世卿专政，三传皆同有之，如季氏出君等是也；然《左氏》之言世卿，曰鲁之季氏，齐之陈氏，晋之赵氏，《公》《谷》乃曰齐为崔氏，鲁为尹氏，然崔氏在齐，与高国氏不和，不久即败，尹氏未专鲁政，亦非世卿，盖以《左氏》之言为得。盖《左传》纪三家专晋，季氏出君（昭公）而止矣。

或者又以为"《春秋》作而乱臣贼子惧",则胡为书君之恶?不知董狐之记崔杼,使人知其罪而伐之所以警臣下也;孔子作《春秋》,所以戒人君也。君无恶政,则人臣不得施其贼矣!盖《春秋》之世,弑君篡国之事,迭作并兴,故学者多有法家色彩,故《老子》曰:"国之利器不可示人。"皆使人君知所为也,人君善则乱臣贼子惧矣!否则大奸巨猾,岂惧后史书一名字便足止当前之利禄哉?后人误会,乃有口诛笔伐之语,误矣!

综之,三传大处多有同者,不然,则立其一而其二可废矣,何为迭有兴废,而终能并存哉?

据《国专季刊》第 1 期

* 此为章太炎 1933 年 5 月在无锡国学专门学校的演讲,由卢景纯记录。

《春秋》三传之起源及其得失

余讲《春秋》，历四十年。尝谓《春秋》者，司马迁、班固以前唯一之史也。《春秋》未作，世无正式之史。《尚书》或纪言，或纪事，真有似断烂朝报无年月可寻，设无《书序》，何由知其条贯？即有纪年者，亦不甚明白。如《太誓》云唯九年四月，究不明何王之九年？《洪范》云唯十有三祀，亦不明何王之十三祀也？且或称唯十有三祀，或称既克商二年，纪年之法之不统一如是，故必待《春秋》之作，方为有正式之史也。

周初无《春秋》之名，《周官》小史掌邦国之志，外史掌四方之志，未必即为《春秋》也。《春秋》之起，其在周宣王之世乎？《墨子·明鬼》据周之《春秋》、燕之《春秋》、宋之《春秋》、齐之《春秋》为说。至于周宣王杀杜伯以前之事，不据《春秋》而据《诗》《书》，可知周初之未有《春秋》也。《史记·十二诸侯年表》起共和元年，自尔至于鲁隐元年，凡一百十九年。史公但书某公卒，某公生，未尝著一事，其有纪事者，可知其国已有《春秋》矣。晋穆侯以条之役生太子，命之曰仇。其弟以千亩之战生，命之曰成师。《左传》不记其年，而《十二诸侯年表》明著之，盖列国之有《春秋》，晋为最早，而秦、郑次之（《秦本纪》文公十三年初有史以记事），宋在其后，齐、鲁更后。其所以有先后者，周室颁书法于诸侯，由近及远，晋近王畿，秦迹西都，郑本畿内，故受法在先。宋距西周已远，齐、鲁更处东海，斯在后矣。

《左传》云："《春秋》之称微而显，志而晦，婉而成章，尽而不污，惩恶而劝善，非圣人谁能修之？"然孔子所修，实亦无多。僖二十八年"天王狩于河阳"，《左氏》载仲尼之言曰："以臣召君，不可以训，故书曰天王狩于河阳。"太史公称孔子读史记至文公，曰："诸侯无召王，王狩河阳者，《春秋》讳之也。"孔子之特笔有明文可据者，止此一条，余无所见。杜预以为诸称书、不书、先书、故书、不言、不称、书曰之类，皆史官旧文，是孔子所笔削者固甚少矣。然而孟子称"孔子作《春秋》"，又称"孔子曰罪我者其惟《春秋》"，岂删改一二条即可谓之作耶？即以此见罪耶？盖《春秋》者官史也，孔子不在其位，不当私修官史。班固坐私修官史而得罪，以后例前，所谓"罪我者其惟《春秋》"者，信矣。孔子又曰，"其义则丘窃取之"者，当时国史，不容人看，窃取即偷看之谓矣。又曰，"《春秋》天子之事者"，《说文》："事字从史，职也。职，记微也。"微，即徽字。职，即帜字。故事有记志之义，是谓《春秋》为天子之史记也。列国之史,皆藏周室(《六国表》云,史记藏周室,汉则郡国之事藏太史令。),故云天子之事。然孔子所修者,鲁之《春秋》也。惟其为鲁之《春秋》,非周之《春秋》,其记列国事实或有不确。如诸侯之卒,但据赴告而书之,赴告月日有误,鲁史不能正之。太史公称孔子西观周室,论史记旧闻,即为《春秋》有乖事实者,故必与左丘明如周,观书于周史,而修《春秋》之经。丘明因孔子所录周之史记而为之传,然则《左传》所载,即是《春秋》经之考异,论事实以周史记为准,论书法以鲁《春秋》为准。所以然者,孔子鲁人,所修者鲁史,不得与于天子之事也。经传之不同,凡为此故。桓谭《新论》称,"《春秋》经传,互为表里,相持而成",是谓经传之同修也。盖若事据周记,以改鲁史,即非鲁之《春秋》,故必经传相持,则事义俱备。然而太史公云,鲁君子左丘明惧弟子人人异端,各安其意,失其真,故因孔子史记,具论其语,成《左氏春秋》。此则未谛,丘明即不作传,孔子且自作之,何也?欲为考异,不得有经而阙传也。古之学者,三年而通一艺,自获麟至孔子之卒,才得再期,学未及通,何由退而异言?《论语》所载,未有弟子论《春秋》之语,《大戴礼》有《曾子》十篇,亦无一言及《春秋》者,乌睹所谓退而异言者耶?是知孔、左经传,同时述作,经亦有君子之新意,传非无圣人所斟酌,不为弟子异言而具论其语,审矣。

次论作传之左丘明。世之疑左丘明者,谓据《论语》丘明及见孔子,而《左传》记赵襄子、楚惠王事,赵襄子、楚惠王卒于鲁元公之初,鲁元上距获麟之岁五十余年,丘明不应寿考至是。然孔门弟子子夏之年,更寿于丘明。孔子之卒,子夏年二十有九,至魏文侯十八年受经子夏,子夏年百有一。盖子夏与丘明易混,子夏年高,丘明亦年高。子夏失明,丘明亦失明。然子夏不传《春秋》也。公羊受于子夏之说,起于东汉之戴宏,西汉无是言也。董仲舒传《公羊》者也。刘向谓其师友渊源,犹未及乎游、夏,是矣。大抵丘明之年,与子夏次比。丘明作传,传之曾申,申传吴起。谷梁在吴起后,所引尸子,即尸佼也。佼与商鞅同时,谷梁与孟子时代相近。《公羊传》有"子沈子曰",何休《解诂》称"子者是其师",而《谷梁》但作"沈子曰",可知谷梁在公羊前,且公羊之袭谷梁,痕迹显然。蔡侯归用事乎汉,《谷梁》文也。自楚入蔡,必渡汉水,《公羊》不审地望,改汉为河。此袭《谷梁》而误者也。公羊氏五世姓名,于史无征。秦二世召博士诸儒生问曰:"楚戍卒攻蕲入陈,于公如何?"博士诸生三十余人前曰:"人臣无将,将即反,罪死无赦。"此本《公羊》之文,"君亲无将,将而诛焉"。汉高祖崩,群臣议谥,皆曰:"高祖起微细,拨乱世,反诸正,平定天下,为汉太祖。"拨乱世,反诸正,亦《公羊》文也。是知《公羊》行于秦、汉之际,其人上不及子夏,下不至汉,殆周、秦间人也。孟子述孔子之言曰,"其义则丘窃取之矣"。《公羊》亦云,此乃《公羊》之袭《孟子》,非《孟子》之采《公羊》也。以余所知,三传之起源如此。

据《春秋》经而作传,其事非易。《谷梁》在前,其言不多,误亦不多。《公羊》在后,言多而误亦多矣。纪年纪月,始于《尚书》。《春秋》则纪时,或书月书日。二传多以日月生义,以为褒贬,此说于古无征。盖谷梁与尸子为友,尸子并商鞅时,见秦《春秋》不书月日(见《六国表》),遂谓《春秋》本以时纪,其书月书日者褒贬所生也。而《谷梁》即用其说也,不知事有远近,斯书有详略,鲁文公以前,朝聘征伐之事少,故书日尚略。其后渐多,故不可不谨于书日,《谷梁》壹以秦记为准,而怪鲁史之详于月日,然未尝自明其说之由来。《公羊》不悟,起例滋多矣。

刘向《别录》称丘明作传授曾申,申授吴起,起授其子期,期授铎椒。而《十二诸侯年表》称铎椒为楚威王傅,为王不能尽观《春秋》,采取成败,卒四十章,为《铎氏微》。《铎氏微》者,《左氏春秋》之节本也。《左氏》之书合经传十九万言,古者简重帛贵,传写匪易,而《韩非子》《吕氏春秋》皆载春秋时事,其语殆本于铎椒,即《谷梁》亦似曾见《铎氏微》者。有三事可为《谷梁》袭《左氏》之证,一者《左氏》经"公矢鱼于棠",《谷梁》作"公观鱼于棠";二者《左氏》经"齐人来归卫俘",《谷梁》作

"齐人来归卫宝"；三者《左氏》经"晋荀吴帅师败狄于大卤"，《谷梁》作"晋荀吴帅师败狄于太原"。此三条不合《左氏》经而合《左氏》传，知其非贸然以声音训诂易之也，若不见《左氏》书，不致雷同如此。若尽见《左氏》书，又不致有其余之不同。其所见者，盖《铎氏微》也。《铎氏微》所载，据而改之；所不载者，亦无由改之也。《公羊》在《谷梁》后，故于此三条得据于《谷梁》，余无所据而擅改者，即多可笑。如《春秋》经"齐栾施来奔"，《左氏》《谷梁》所同，《公羊》则作"晋栾施来奔"。《春秋》经"郑公孙夏帅师伐陈"，亦《左氏》《谷梁》所同，《公羊》则作"郑公孙虿帅师伐陈"。盖《公羊》见经文晋有栾书、栾盈，故改齐为晋，见襄十五年经有公孙虿，故改公孙夏为公孙虿，不知据《左传》公孙虿于襄十九年卒，至伐陈时不得更有公孙虿也。又《春秋》经"齐仲孙来"，《左氏》传"齐仲孙湫来省难"，《公羊》以仲孙为公子庆父，引子女子之言曰："以《春秋》为《春秋》，其诸吾仲孙与？"盖《公羊》见鲁《春秋》有仲孙，以为唯鲁有仲孙，故成此笑柄。夫以经解经，不可施于《春秋》，何得言"以《春秋》为《春秋》"乎？此之缪误，由于不见周室史记，而恣为臆说。然而清世说《公羊》者迂怪之谈，则非《公羊》所本有。所谓"通三统""张三世""为汉制法""黜周王鲁者"，但见于董仲舒之书，诡诞之徒，以之诬蔑《公羊》，学贵求真，是不可不为《公羊》洗刷者也。

《春秋》经"元年春王正月",《左传》"元年春王周正月"。所谓王周者,犹后世称皇明、皇清耳。《公羊》曰:"王者孰谓?谓文王也。曷为先言王而后言正月?王正月也。何言乎王正月?大一统也。"《公羊》以文王周之始王解王正月,意与《左氏》正同,本言大一统,未尝言三统也。夏秋冬月不著王字者,钟鼎则多有王二月、王三月、王四月、王五月之文,《春秋》月必书王,则失之繁,故为省文尔。《公羊》不见国史,故云"所见异辞,所闻异辞,所传闻异辞",然固无衰乱、升平、太平三世之说。《公羊》云:"拨乱世,反诸正,莫近诸《春秋》。"春秋二百四十二年,皆乱世也,焉有升平、太平之世乎?至谓"为汉制法",试问公羊作传之时,亦何从知汉家之兴,而预为制法乎?董仲舒谓周法五行,爵五等,汉法三光,爵三等,试问五行、三光,竟与治乱何关?乃孔子之不惮烦而改诸。楚灵王时,宋左师献公合诸侯之礼六,郑子产献伯子男会公之礼六。《国语》叔孙穆子曰:"诸侯有卿无军,伯子男有大夫无卿。"伍举曰:"天子之贵也,唯其以公侯为官正,而以伯子男为师旅。"此皆伯子男并称。《公羊》亦云:"《春秋》伯子男一也。"《公羊》虽未见《左传》,犹知春秋之制与周初不同。周初之制据于《周礼》,至春秋时而《周礼》之改变者多矣。董生不悟,则以为孔子"为汉制法"尔。其尤不通者,所谓黜周、王鲁、新周、故宋是也。杜预云:"《春秋》所书之王,即平王也。所用之历,即周正也。所称之公，即鲁隐也。"安在其黜周而王鲁乎？故宋一语，本出《谷梁》。《谷梁传》"孔子故宋也"。范宁曰，孔子旧是宋人。新周则出《公羊》。《公羊传》："成周者何？东周也。成周宣榭灾，何以书？新周也。"此所谓新周，与《尚书》新邑同意。安在其上黜杞而下故宋也？试思孔子鲁之大夫，有何权力，以鲁隐为受命王，黜周为二王后耶？此等迂怪之谈，固无明文见于《公羊》者也。

至于《春秋》大义，"内诸夏而外夷狄"，三传所同。讥世卿本出《公羊》，然张敞治《左氏》，亦言"《春秋》讥世卿"。盖《左传》记乐祁之言曰："政在季氏三世矣，鲁君丧政四公矣。"又记孔子之言曰："惟器与名，不可以假人。"是皆讥世卿之言。所讥者，鲁之季氏、齐之陈氏、晋之赵氏。丘明与圣人同耻，故于陈恒之代齐，三桓之出君，赵氏之分晋，具载其事。而《公羊》则以周之尹氏、齐之崔氏当之，不知尹氏当时并未擅权，崔氏与高国不合而出奔。崔杼返国，二年而败，不足以当世卿也。《谷梁》亦有与《左氏》同义者，《谷梁》云，"称国以弑其君，君恶甚矣"。此与《左氏》所云弑君、称君、君无道者义相发明。然《春秋》所书赵盾弑其君、崔杼弑其君，当孔子笔削时，其人皆已死矣。是乃谚所谓打死老虎，则何缘作《春秋》而乱臣贼子惧也？盖《春秋》之作，贵在劝戒，非但明罚而已。后有荀悦之《汉纪》，司马光之《通鉴》，其效正同。《左氏》之传，详载事实，使读其书者，惩往事以防将来，则乱臣贼子之原自绝，是以法家韩非采《左氏》事实特多。若谓《春秋》之道，但在明法底罪，以惧乱臣贼子，则已死之乱臣贼子，何由知惧？见在之乱臣贼子，大利当前，又何恤于口诛笔伐哉？

据《制言》第 56 期

* 此为章太炎 1933 年 3 月 15 日在江苏省立无锡师范学校的演讲，由诸祖耿记录。

文章流别

向来论文,有《文心雕龙》一类的书,今天,可以不必依照他们去讲。

大概最初的文章,都是有韵的。譬如《尧典》之类,叙事也须用韵,后来渐渐变为散文。春秋以前,完全叙事还叙不来。《尚书》叙事,一篇中偶有一二段,完全效〔叙〕事的,很少很少。把《尚书》和汉碑相比,觉得很是相像。就《尧典》而论,语不质直,都是概括的称赞,和汉碑很相像,汉碑的体例,一件事状之后,总是加上几句考语,《尧典》也是如此。所以,最初的叙事是叙不来的。到了《春秋》,方才能够叙事。议论最初已有,《尚书·皋陶谟》便是。古人喜欢用韵,从《皋陶谟》到商周诰誓,还不大有韵。《春秋》《国语》中的议论,语带骈俪,到了汉朝,竟有用韵来做议论文的。大约叙事文在春秋时代方算成立,议论文在七国时代方算成立。汉朝议论文没有进步,反而退步。奏议擅长,议论文用韵,便不擅长。此后魏晋之间,论比汉好。名理精微的地方,汉人不及魏晋。所以清谈虽然有弊,从名理之文内容精深一点上看来,未始没有益处。

叙事议论之外，还有一种文章，一般人不大留意。这种文章，不是叙事，也不是论议，是一种排比铺张的文章。《禹贡》不能算做叙事文；《周礼》每一官下，有许多的排比铺张，这一种，只可叫做"数典"。寻常文章，不外乎叙事议论，至于数典一类，寻常人不大会做，史中的志，便是属于这一类的。

无韵的文章是一类，有韵的文章又是一类。有韵的文章，在古人只有诗。由诗生赋，以及箴铭哀诔等等。箴向来便有韵，铭却未必有韵，这都是在诗的范围以外的，总之，都是韵文。我想无韵的可以分为三种：一叙事，二议论，三数典。有韵的可以分为诗箴铭诔等等，列举项目，不胜其繁，任昉《文章缘起》分做八十多类，我以为不必如此的繁。

文章的体裁，大概如此。现在再讲一讲文章的刚柔强弱和国势民情的关系。

一代有一代的文章，当时看了很好，过后或许不以为然。周以前材料缺乏，好坏无从评起。就周朝一代而论，周文经过三变。周初，口说的议论少，只有《周礼》一部，完全是数典的文章，到了春秋，三种都很像样。关于国势，春秋是微弱不振的时代，所以文章和平而带有柔性。战国时代的文章，便变为刚性了。从战国到秦代，刚性更加厉害，每篇文章，都是虚字少而语句斩截。汉文比秦文稍觉宽和，但是气魄洪大，总是带有刚性。东汉还是如此，到了三国，渐渐由刚变柔，曹操、诸葛亮的文章，还是带有刚性。他们语句不多，篇幅短小。后来中国衰弱，局势分碎，晋文便变为柔性，假如借日人"壮美""优美"的话来讲，从战国到三国，是壮美的，晋代便是优美的了。国势如此，文章亦然。南朝富有柔性，北朝似乎两样一些，但是刚性仍少，一直到了唐朝，才由柔性变为刚性。这种情形，并非起于韩昌黎，昌黎以前的骈体，已是具有刚性的了。燕、许大手笔，即可作为证据。当时国势强盛，所以文章都是诘屈聱牙，直至韩、柳，总是如此。当时昌黎以为好的文章，别人没有称之为坏的。譬如李观、樊宗师一流，文章都是诘屈聱牙，唐人都是以为好的。昌黎以下，有皇甫湜、孙樵，都是如此。气魄当然昌黎最大，后来的人，都及不上他，但是都带刚性，这是同一的。经过五代破碎的局面，到了宋代，国势仍旧衰弱。柳开、王禹偁，才力薄弱，算不来好的作家。和欧阳修同时做文章的，有尹师鲁（洙），他比柳开要略胜一筹，他和苏舜钦、宋祁，都带一些刚气，苏舜钦的境遇，和柳柳州相近，文亦近柳。宋祁是学昌黎的，所以，亦带一些刚气。然而这三人的文章，宋人并不喜欢。所以，欧阳修的文章，得到通行，他们三人，却不通行了。欧和尹、苏，恰巧立于反对地位。欧文纯是优美的偏于柔性，曾巩、苏轼，十分刚气的文章都没有，宋朝的国势，和晋朝相差不远，所以文章都是柔性，所可分别的，不过晋含骈，宋少骈而已。宋人喜欢委婉，不喜欢倔强，和唐文截然不同。后人称唐宋八家，实则宋的六家，和韩、柳截然不同。所同者，在不做骈体罢了。当时欧阳修反对太学生刘辉，因为刘辉的文章中有"天地豁，万物轧，圣人茁"等生硬的句子，所以深恶痛绝。这种文章假如叫宋祁或韩愈去看，他们一定称赞。假如樊宗师生在宋朝，欧阳修定要痛骂。唐人以为韩愈的文章好，略带一些柔性，便不喜欢。陆宣公的文章，委宛详尽，受后代人的称赞，但是和唐人是不相宜的，所以当时没有称赞他的。反而言之，当然尹、苏的文章，宋人要不喜欢了。国势强，文气便刚，一般人也喜欢刚强的文章，国势弱，文气便柔，一般人亦厌恶刚性的文章。明初文章，盛行一种老生常谈而又陈腐不堪的台阁体，由此一变而为李空同、何大复，他们诗好，文却不好。他们要想文学秦汉，其实那里学得到？即使学得，也未免举鼎绝膑，面红耳赤，没有自然的态度。明七子的文章，便可以代表明朝的国势。明朝比汉朝比不来，比唐朝也比不来，比六朝、宋朝，却绰乎有余，对于属国，架子摆得很大。明朝以前，无论那一朝，没有故为尊严，摆出大架子的。举一个例来说，譬如朝鲜、安南，明朝的天使到时，不肯走进他们的城门，必定要架了天桥，从天上下来，表示上国的威风。对于南洋小国，架子更大，小国对于明朝，又有"代身金人"的崇奉。明朝强迫满人自称"奴才"，对待南洋小国，亦是如此。明朝的架子，比较汉唐，真是大了好几倍，但是，实力不如。明七子的文章，亦是如此，架子虽大，实力不充，这是他们根本的弊病。这种文章，行了一百多年，当时以为不差，过后便不甚注意了。归震川的文章，和明朝没有关系，却开了清朝一代的风气。清朝国势很强，但是，这不是汉人的势力，所以汉人的文章，没有刚性。魏叔子是明朝的遗民，他的文章，带有刚性，清朝人却不喜欢，说他不甚干净。其实汉人愿意为奴，所以喜欢柔性，魏叔子不然，所以人家不喜欢。曾涤生出来，文即两样。奴虽仍旧是奴，正如《史记》所说的"桀黠奴"，奴的力量，几乎可以压倒主人，他的文章，便带刚性。其余"桐城""阳湖"，都是柔性的。以此可见文章的忽而重柔，忽而重刚，完全关于当时的国势，关于一己的能力，从春秋到现在，一些也没有例外的。至于批评的时美时恶，也如衣服之时髦与否一样，或大或小，或长或短，随着当时的眼光而定，理由是说不出来的。清朝自从曾涤生以后，文章虽然仍带柔性，但是，吴挚甫之流，即稍有刚性了。当时满人势力渐衰，汉人渐渐强盛，所以比较方望溪、姚姬传便有刚气，文章因乎国势民情，真是一毫不爽的。至于骈文、散文，只是表面上的分别，和刚柔不相干。唐人散文刚，骈文亦刚。宋人散文柔，四六文更柔。所以，骈散之分，只是表面，和刚柔是不相干的。

近来讲文学的人很少，骈散之争亦没有。在清朝末年，这是很利害的一番争论。阮芸台以为骈文是文章的正宗，矫向来重散不重骈之弊。其实这是无理取闹，不足深论的。我们须得知道，骈文、散文，有不能相符之处，譬如数典文都是俪语，不是俪语，便看不清楚，这是文章上不得不然之势。至于直叙，断乎无须俪语，譬如《春秋》《仪礼》，断乎不能用骈文来做。阮芸台不懂这层道理，单说骈文是正宗，抬出孔子来压服人家，以为孔子作《文言》，文是骈体，所以必须骈体方得算文，其实这是压不来的，何以孔子作《春秋》，一句也不用骈语呢？他不知道相宜不相宜，所以如此胡说。《易经》虽非数典，但是阴阳相对，吉凶相对，正和非正相对，所以可用骈语。譬如我们有两只眼睛、两个耳朵，同时还有一个鼻子、一张嘴巴，我们究竟把那一件叫做正宗呢？骈文的开端，要算《周礼》，《文言》是骈，《老子》之类，有时也有骈语，但这种只可叫做俪语，到底不能叫做骈体。有人说邹阳《上梁王书》是骈体，其实还不是骈体，直到《圣主得贤臣颂》才可以算真的骈体。四六文到庾子山、徐孝穆才渐渐开端，以前虽然有一两句，只是偶然的逢着，不是有意的去做，孔融《荐祢衡表》"钧天广乐，必有奇丽之观；帝室皇居，必畜非常之宝"，这两句真是四六。假如《后汉书》不载这文，后人必定疑为伪造。这种体裁，当时并不通行。到齐、梁之间，才渐渐发展成熟，所以四六的成立，总要推徐、庾二家，后来继承的人，是晚唐的李义山，燕、许还不是四六，宋人便都走这一条路了。清末争论的人，着眼于骈散之分，四六却不在其内，不知道骈和四六，亦是两样。唐人如韩昌黎不做骈文，柳柳州却很有骈文。又如吕温（化光），他的骈文，和晋人相近，当时柳柳州、刘梦得都很称赞。韩、柳和宋人所共同反对的，不是骈体，实是四六，所以我们不得不把骈和四六，划清界限。姚惜抱和李申耆是师生，他们却起了一番重大的争执。姚选《古文辞类纂》，李选《骈体文钞》和他反对。在实际上，他们各有不能成立之处，既云古文，便须都选古文；唐人古文已是很少，到了归震川，何尝可以称为古文？所以，我以为姚惜抱的《古文辞类纂》，叫做"散文辞类纂"则可，叫做"古文辞类纂"则不可。试问刘海峰的文章，有什么古呢？李选《骈体文钞》，竭力推尊骈体，把贾谊《过秦论》、太史公《报任少卿书》，都算骈文；《文选》中的文章，亦选了许多；徐、庾、温、邢，亦统统选入。试问徐、庾一派，渐渐走入四六一路的，和贾生、史公气味如何合得上？所以事实上不免叫做"四六文钞"。姚选前一段好，唐以前是古文，唐以后是散文，明以后到刘海峰，简直算不得文章，李选亦然，梁以前是骈体，梁以后只好叫做四六。他们各有拖泥带水之处，自然各不相服。假如截去下段，两方便无可非议了。《说文》引"巢一茎六穗于庖，牺双觡共觚之兽"，小徐《说文系传》驳他说，"属对精切，始自陈、隋"。可见梁以前骈体还是散漫，不像后来四六的精研。这便是骈和四六之分，小徐很能知道，不知李申耆何以不知！以前的骈文，似对非对，譬如《易经·文言》"君子体仁足以长人，嘉会足以合礼，利物足以和义，贞固足以干事"。"体仁"与"利物"，"嘉会"与"贞固"，并非动字对动字，名字对名字。不过语句整齐而已，何尝字字相对？直到齐、梁还是如此，宋人欧、曾、苏、王，亦是如此。但是，迷信四六的人，便不是如此了。譬如王子安《滕王阁序》"落霞与孤鹜齐飞，秋水共长天一色"。并非如宋人四六，天文对天文，植物对植物。叶大庆《考古质疑》却以为"落霞"是虫名，所以可对"孤鹜"。迷信四六，便有这样的妄论。流弊及于说经，高邮王氏说，"终南何有？有条有梅；终南何有？有纪有堂"。以为"堂"须对"梅"，当是"棠"字，这和"落霞"虫名的话，不是差不多吗？所以，把宋人的四六文、清人的试帖诗，强以衡断古人，这是不对的事。不懂古今文章变迁大势，便有这样的弊病。其实骈和四六，散和古文，都有界限。归、方、刘三家不能称为古文，正如现在报章体散文不能称为古文。诸君须知，宋以后的四六，不能称骈文；近来的报章体，不能称为古文，所谓界限者，即在于此。

据《苏中校刊》第 69 期
* 此为章太炎 1932 年 10 月在苏州的演讲，由诸祖耿记录。

白话与文言之关系

白话文言,古人不分。《尚书》直言(见《七略》),而读应《尔雅》(见《汉书·艺文志》)。其所分者,非白话文言之别,乃修饰与不修饰耳。《尚书》二十九篇,口说者皆诘屈聱牙,叙事则不然。《尧典》《顾命》,文理明白,《盘庚》《康诰》《酒诰》《洛诰》《召诰》之类,则艰涩难读。古者右史记言,左史记事。叙事之篇,史官从容润饰,时间宽裕,颇加斟酌;口说之辞,记于匆卒,一言既出,驷不及舌,记录者往往急不及择,无斟酌润饰之功。且作篆之迟,迟于真草,言速记迟,难免截去语助,此异于叙事者也。商周口语,不甚修饰,至春秋战国则不然。春秋所录辞命之文,与战国时苏秦、张仪、鲁仲连之语,甚见顺适,所谓出辞气斯远鄙倍者,不去语助,自然文从字顺矣。苏、张言文合一,出口成章。当时游说之士,殆无不然。至汉,《汉书》载中山靖王入朝,闻乐涕泣,口对之辞,宛然赋体。可见言语修饰,雅擅辞令,于汉犹然。是以汉时有讥人不识字者,未闻有讥人文理不通者。赤眉之樊崇,蜀将之王平,识字无多,而文理仍通。自晋以后,言文渐分，《世说新语》所载阿堵、宁馨，即当时白话，然所载尚无大异于文言，惟特殊者有异耳。隋末士人，尚能出口成章，当时谓之书语。文帝受周之禅，与旧友荣建绪商共享富贵，荣不可，去之。后入朝，帝问："悔否？"荣曰："臣位非徐广，情类杨彪。"文帝曰："我虽不解书语，亦知卿此言为不逊。"（见《隋书·荣毗传》）文帝不读书，故云不解书语。李密与宇文化及战时，其对化及之词，颇似一篇檄文，化及闻而默然，良久乃曰："共尔作相杀事，何须作书语耶？"（见《隋书·李密传》）可见士人口语，即为文章，隋唐尚然，其后乃渐衰耳。《传灯录》记禅家之语，宋人学之而成语录，其语至今不甚可晓，至《水浒传》乃渐可解。由是白话文言，不得不异其途辙。今人思以白话易文言，陈义未尝不新，然白话究能离去文言否？此疑问也。白话亦多用成语，如"水落石出""与狐谋皮"之类，不得不作括弧，何尝尽是白话哉？且如勇士、贤人，白话所无，如欲避免，须说好汉、好人。好汉、好人，究与勇士、贤人有别。元时征求遗逸，诏谓征求有本领的好人，当时荐马端临之状曰"寻得有本领的好人马端临"。（见《文献通考·序》）今人称有本领者曰才士，或曰名士，如必改用白话，亦必曰寻得有本领的好人某某。试问提倡白话之人，愿意承当否耶？以此知白话意义不全，有时仍不得不用文言也。

昌黎谓："凡作文字，宜略识字。"学问如韩，只求略识字耳，识字如韩已不易。然仅曰略识字，盖文言只须如此也。余谓欲作白话，更宜详识字。识字之功，更宜过于昌黎。今世作白话文者，以施耐庵、曹雪芹为宗师，施、曹在当日，不过随意作小说耳，非欲于文苑中居最高地位也，亦非欲取而代之也。今人则欲取文言而代之矣，然而规模、格律，均未有定。果欲取文言而代之，则必成一统系，定一格律然后可。而识字之功，须加昌黎十倍矣。何者？以白话所用之语，不知当作何字者正多也。今通行之白话中，鄙语固多，古语亦不少，以十分分之，常语占其五，鄙语、古语复各占其半。古书中不常用之字，反存于白话，此事边方为多，而通都大邑，亦非全无古语。夫所谓白话者，依何方之话为准乎？如曰首都，则昔在北而今在南，南京、北京，语言不同。不仅此也，叙事欲声口毕肖，须录当地方言，文言如此，白话亦然。《史记·陈涉世家》："伙颐，涉之为王沉沉者。"伙颐、沉沉，皆当时鄙俗之语，不书，则无以形容陈客之艳羡。欲使声口毕肖，用语自不能限于首都，非广采各地方言不可。然则非深通小学，如何成得白话文哉？寻常语助之字，如"焉哉乎也"，今白话中"焉哉"不用，"乎也"尚用，如乍见熟人而相寒暄曰"好呀"，"呀"即"乎"字；应人之称曰"是唉"，"唉"即"也"字。夫字文言用在句末，如必子之言夫。即白话之罢字，轻唇转而为重唇也，矣转而为哩。《说文》目声之字，或从里声，相或作裡，可证其例。乎也夫矣四字，仅声音小变而已。论理应用乎也夫矣，不应用呀唉罢哩也。

又如抑扬之词，肆训甚，《诗·崧高》"其风肆好"，即其风甚好。今江浙语称甚冷、甚热曰冷得势、热得势，其实乃肆字也。古语有声转之例，肆转而为杀，《夏小正》"狸子肇肆"。肆，杀也。今人言杀似、杀好、忒杀，杀皆甚意。又今天津语谓甚好曰好得况。况亦古音古字，《诗·出车》"仆夫况瘁"，况亦甚也。又如赞叹之词，南京人见可惊者开口大呼曰乖乖了不得，乖乖即傀傀。《说文》："傀，伟也。"四川胥史录供，造张目哆口卷舌而不发声之字曰㗊，㗊即咄咄怪事之咄。如白话须成格律，有系统，非书正字不可，则此等字，安得不加意哉？

又如形容异状之词，今江浙人称行步两足不能相过曰垫脚走，垫应作絷。春秋卫侯之兄絷，絷《谷梁》作辄说为两足不能相过。絷从执声，故变而为垫音也。今语喉破发声不亮曰沙，《礼记·内则》"鸟嚨色而沙鸣"，若严格言之字应作嘶。《汉书·王莽传》"莽大声而嘶"，嘶正字，沙假借字也。今南方呼曲背曰呵腰，北方曰哈腰，实即亚字。《说文》"亚，象人局背形"，音变而为哈，又变则为呵矣。又如动作加人之词，今上江称追奔曰撵，实当作蹑，声转而为撵矣。吊挂之吊，与吊丧意无关，《一切经音义》引《方言》："乚，悬也。窗钩亦曰了乚，乚音如吊"。吊挂之吊，正应作乚耳。又北人语打谓揍，至东三省，则官厅叱责人犯亦曰"揍五百""揍一千"，此字正应作𢱢。《说文》：

"墊，引击也。"江南语以荆条或竹条击人谓之抽，抽亦墊字。又北方人称斩曰砍，此字不知何以从石？唐末已有此语，书止作坎，宋人笔记载朱温遣人相地，久而未至，温大怒，既至，问之，曰"乾上龙尾"。温入，人谓之曰："尔若非乾上龙尾，已坎下驴头矣。"其实坎应作伐。《说文》："伐，杀也。"其字后人亦作戡，"西伯戡黎"，旧正作伐也。唐人言坎，不知其语之来历，后遂妄作砍字。如此之类，白话不定统系格律即已，如须定统系，明格律，则非写正不可，故曰欲作白话文者，识字应过于昌黎也。

要之，白话中藏古语甚多，如小学不通，白话如何能好？且今人同一句话，而南与北殊，都与鄙异，听似一字，实非一字，此非精通小学者断不能辨。如通语言不，江南、浙江曰弗，《公羊》僖二十六年传注："弗者，不之深也。"弗、不有异矣。有无之无，江南一带曰无不。无古音如模，变为是音，而通语则言没，实即《论语·阳货》"末之也已"之末，无与末又异矣。又，北人言去，如开之去声，实乃揭字，与通语曰去者义同而字异。又如打字，欧阳永叔《归田录》历举其不可解之处，朾本音宅耕切，不知何以变为打字？作德下切，且打铁、打钉，称打则可，今制一物件曰打，每一动作辄曰打，如打坐、打拱，打于何有？欧公颇以为非。余谓宅耕切之朾字，依音理不能变作德下切，今扬州鄙人呼此音如鼎，江南、浙西转如党，此实朾之音变也，而通语作德下切者，乃别一字。按挝字，《说文》作築，乃舌上音，古无舌上，唯有舌头，故挞音变为德下切，正字当作築，声转则为笪。《说文》："笪，笞也，音当割切。"又转而为挞，皆一语之变也。至于打量之打，字应作㨃。《说文》："㨃，量也。"音朵，转为长音即曰打矣。是故不详识字，动笔即错，其所作之白话文，乃全无格律之物。欲使白话登于文苑，则识字之功宜何如？

古人深通俗语者，皆研精小学之士。颜之推在益州，与数人同坐，初晴，见地下小光，问左右是何物？一蜀竖就视，云是豆逼耳。皆不知何谓。取来，乃小豆也。蜀土呼豆为逼，时莫之解。之推云《三苍》《说文》，皆有皀字，训粒，《通俗文》音方力反。众皆欢悟。（见《颜氏家训·劝学》篇）其孙师古作《匡谬正俗》，人问砺刀使利曰略刃，何故？师古曰："《尔雅》：略，利也。故砺刀曰略刃。"以颜氏祖孙小学之功如此，方能尽通鄙语，其功且过昌黎百倍。余谓须有颜氏祖孙之学，方可信笔作白话文。余自揣小学之功，尚未及颜氏祖孙，故不敢贸然为之，今有人误读"为絺为綌"作"为希为谷"，而悍然敢提倡白话文者，盖亦忘其颜之厚矣。

据《章氏国学讲演会记录》第2期

*此为章太炎1935年4月在章氏星期讲演会上的演讲，由王謇、王乘六、吴契宁、诸祖耿记录。

儒家之利病

儒者之称，有广狭二义。以广义言，凡士子皆得称之；以狭义言，如汉儒、宋儒始可谓儒。今姑论狭义之儒。

儒自古称柔，少振作。《汉书·艺文志》云"儒家议论多而成功少"。惟孔子及七十子则不然。春秋以后，儒家分为二宗：一曰孟子；二曰荀子。大氐经学之士多宗荀，理学之士多宗孟。然始儒者能综合之，故兼有修身、齐家、治国、平天下之功。汉儒如贾谊之徒，言词虽涉铺张，然文帝纳之，施之于政，灿然可观。是时儒者，非惟能论政治，善用兵者亦多。段颎、张奂平西羌，度尚平南蛮，卢植平黄巾，植经学、政治、军略，均卓尔不群，即三分鼎足之刘备，亦师事卢植。及后即帝位，犹谆谆教其子读《礼记》，非儒而何？曹操、孙权，皆举孝廉，亦儒之流也。唐之儒亦能综合孟、荀，故如魏徵、陆贽辈之相业，彪炳千古。至有宋理学之儒出，尊孟抑荀，于是儒者皆绌于军国大事。窃谓孟子之学，虽抗言王道，然其实郡县之才也。如"五亩之宅，树之以桑，七十者可以衣帛矣"云云，足征其可造成循吏。即孟子得时乘权，亦不过如黄霸、龚遂耳，不如荀之规模扩大。如宋儒服官者，多循吏，而于国家大政则疏，其所由来者渐矣。

昔人言，儒相推葛、陆、范、马。然诸葛治蜀全任综核，法家之流，非儒家也。当推魏徵为宜，明之刘健、徐阶，亦堪称之。余定古今儒相为魏、陆、范、马、刘、徐六人。若姚崇、宋璟亦法家也，李泌则道家也。李德裕、杨一清、张居正则善用权谋者也。

后世之儒，少有论兵者。于王阳明之武功，亦非群儒所喜，盖孟子之不论兵有以致之。若荀子则有《议兵》篇在。《荀子·议兵》篇论古兵制曰："齐之技击，不可以遇魏氏之武卒；魏氏之武卒，不可以遇秦之锐士；秦之锐士，不可以当桓文之节制；桓文之节制，不可以敌汤武之仁义，有遇之者，若以焦熬投石焉。"

骄吝，亦儒者之深病。子曰："如有周公之才之美，使骄且吝，其余不足观也已。"而宋儒率多自尊大，其悭吝亦深。林栗远道求学于朱子，朱子待之以脱粟饭，致林栗怀恨去，然此非徒理学诸公有之。英雄如曹操，良相如司马温公，亦不免有吝字。操临终时，尚恋其裘服，最为可笑。温公遇某生欲纳妾，贷钱二千缗，以公长函责之。如清末所称之曾国藩，政治不足述，军事有足纪，其战胜之关键，在熟读《方舆纪要》，知地理，明形势，以扼敌于死地，然亦辞不得吝字。闻李鸿章为其幕僚，月得薪水十二两。又观其家书，嘱其夫人日纺纱四两，何异臧文仲之妾织蒲，张安世家僮七百各有手技？公仪休为相，拔园葵，去织妇，以不欲与民争利也，而后世乃以此为美，亦异乎吾所闻矣。大氐儒之吝者，皆杂有墨家之风。荀子曰"墨子汲汲为天下忧不足"。惟孟、荀时，儒颇阔大，多不吝啬，以后之儒，则似不然。范文正、顾亭林则出泥不染，可法也。

理学至宋之永嘉派陈止斋、叶水心，专述制度，较余派为有实用，亦尚不免迂阔。如慕唐府兵，而以为不须糜饷。此盖信三时务农、一时讲武之说。然欲兵之选练，征兵亦须在行伍，岂得三时务农乎？至清颜习斋、李恕谷之学，重礼、乐、射、御、书、数，而射、御尤重，可谓扼要。其说之夸大者，则谓一人可兼水、火、工、虞。若陆桴亭之学，亦甚切实，惟误信致知格物之说，《思辨录》中喜论天文，其于兵法信八阵图（八阵图见唐李筌《太白阴经》）、戚继光鸳鸯阵，亦不免于迂也。

孔子之门甚广大，非皆儒也，故云"夫子之门，何其杂也"？子贡纵横家，子路任侠之士而又兼兵家。然儒家之有权谋者，亦仍本乎道家。即前所指六相中，除魏、马、刘外，陆、范、徐皆善用权谋。即尚论周公，岂非儒家之首？然其用太公主兵，足征亦任权谋矣。太公，道家也。然其所使权谋，皆露而不隐，范蠡、陈平即其流亚。反不如管仲处处守正，深沉不露，若老子则尤微妙不可测矣。如范蠡在孔子之门，亦未必见摈也。至孟、荀皆不尚权谋，其反间燕世子事，如邯郸效颦，卒致于败。故知任天下之重者,权谋本非所禁,然亦非迂儒之所可效也。

据李希泌《健行斋文录》

＊此为章太炎1933年10月在章氏国学讲习会的演讲,由李希泌记录。

适宜今日之理学

理学之范围甚大，今日讲学，当择其切于时世可以补偏救弊者而提倡之，所谓急先务也。吾今所讲，分为二目，一为国人同所需要之学，一为无锡特宜注重之学。

吾尝谓理学之名，不甚妥当。宋世称道学，明代称理学，姚江则称心学。宋人反对朱晦庵者云无一实者谓之道学，可见当时不以道学为嘉名。姚江以为理在外，心在内，故不称理学而称心学。吾意理云心云，皆有可议。立身之道，发乎情，不能一断以理。一国有其礼法，一乡有其风俗，皆因情而立制，不尽合于理也。心学之名，较精确矣。然心学末流，昌狂妄行，不顾礼法，正为其专趣高明之故，吾谓当正其名曰儒学。儒家成法，下学而上达，庶无流弊。

孟子、荀卿立言不同，而并称大儒。汉儒传经，师承有别，而其学有统。仁义忠信，是其统也。即隐逸一流，亦卓然以德操名世。若三国之管宁，所居左右，无斗讼之声，礼让移于海表，常坐一木榻，积五十余年，未尝箕股，此不可不谓之真儒。顾后世鲜有诵法者，东晋有顾含，兄死而复生，阖家营视，虽母妻不能无倦，含绝弃人事，躬亲侍养，足不出户者十三年。郭璞尝遇含，欲为之筮，含曰："年在天，位在人，修己而天不与者，命也；守道而人不知者，性也。"自有性命，无劳蓍龟，此亦可谓知命之君子矣。子性绵延，有之推、师古之通学，真卿兄弟之风节，皆儒之高行，岂必学道，然后成其德性哉？今若以儒学为名，此人皆可入选也。

所谓理学，门户分歧，在宋即有朱、陆之异派。其实何止朱、陆？晦庵本与吕东莱相契，其后以东莱注重功利，渐与分途。顾论学虽不合，论交则不替，至于修己治人之道，彼此亦非相反也。明儒派别更多，王阳明反对朱学，阳明弟子又各自分派，互相反对。阳明与湛甘泉为友，其为学亦相切磋，其后王讲良知，湛讲天理，门庭遂别。王、湛之学，合传于刘蕺山。然蕺山于甘泉不甚佩服，于阳明亦有微词。其后东林派出，不满于朱学，亦不满于王学。而高景逸近于顿悟，景逸訾蕺山为禅，顾不自知其学亦由禅来也。凡此数家，学派虽不同，立身之道则同。儒家之学，本以修己治人为归宿。当今之世，讲学救国，但当取其可以修己治人，不当取其谈天论性。谈天论性者，在昔易入于佛法，今则易入于西洋哲学。若以修己治人为主，而命之曰儒学，则宋、明诸家门户之见，都可消除。而教人自处，亦易简而有功矣。

宋儒范文正、胡安定讲学吴中，立经义治事斋，其学贵乎实习实用。同时司马、二程，以及南宋薛季宣、叶水心，皆以修己治人为学为教。近世顾亭林、陆桴亭，亦专心实学，不尚玄言。桴亭虽未尝反对性天之说，亭林则斥理学家为明心见性之儒矣。此八君子，若生于今日，则其事功必有可观，教化亦必有效也。

自侈谈性天者外，更有一派，以为一物不知，儒者之耻。此亦有流弊，亦非今日所宜提倡也。儒者竟以一物不知为耻耶？于古无征，子曰："知之为知之，不知为不知，是知也。"庄生亦言"生也有涯，知也无涯，以有涯逐无涯，殆已"。夫耻一物之不知者，有但作此说而未尝躬行。亦有躬行而终不能至焉，若朱晦庵，自知日不暇给，不复能穷知事物之理，是但言之而不行者也。若颜习斋，本近于永嘉派，以礼、乐、射、御、书、数为儒家正业，其说是也。至欲习于兵、农、钱、谷、水、火、工、虞件件而精之，则天下无此全才。自大禹之圣，治水而外，未见更有何等功业，他无论矣。即今之为科学者，亦各自专门。不知江、戴诸君，何以不悟及此？乃至读《尧典》必测天文，读《禹贡》必究地理，岂亦为针砭俗学而然耶？（慎修崇拜朱学，故注《近思录》。东原本出江门，说经颇引晦庵之言，其作《孟子字义疏证》则有取于习斋。）然读书若此，不知何年得通一艺也？孔子曰，"吾少也贱，故多能鄙事"，明非人人必须多能。且无机衡之器，谁能测天？无四载可乘，谁能相地？此等专门之学，正恐孔子之多能，未必深通。冉求之艺，亦难遍习，单居离问曾子："天圆而地方，诚有之乎？"曾子曰："诚是天圆而地方，则是四角不揜也。"此谓地是平圆，而非浑圆。按之今日地理之学，固为大谬，然不以此而有损曾子之贤。《周髀算经》曰："地滂沱四隤而下，此谓地如曼头。"亦谬也。唯泰卦云"无平不陂，无往不复"。象曰"无往不复，天地际也"，此乃知地如丸卵矣。然文王演《易》，却不以此为胜义。可知儒者所急，在乎修己治人，行有余力，以求多能，自无不可。若谓非上通天文，下知地理，不足以为儒，则非也。韩退之云《尔雅》注虫鱼，定非磊落人。退之文人，亦知求学之道，不在乎一鳞一爪，而其大体是存，则用日少而畜德多矣。

向来儒家之学，止于人事，无明心见性之说，亦无穷究自然之说。人心、道心二语，出于伪古文《尚书》，盖魏晋人之言也。试思尧、舜禅让，谅不异今日官事办移交，所谓"允执厥中"者，中即《周官》小司寇登中于天府之中，谓会计簿籍也。汉官有治中，犹称主簿尔。然则历数次在其躬，簿籍付与其手，尧、舜之事，可知之矣，夫何暇论及人心道心也哉？盖自古所称为圣人者，凡以其能开物成务而已。伏羲之结网罟，神农之制耒耜，黄帝之造书数，帝尧之治历象，其功一也。民非耕稼不生活，敬授民时，修农政也。然四时推候，但以命羲和之官，非人人而命之也。儒家祖述尧、舜，尧、舜所病，乃在不能修己以安百姓。性天下之不谈，一物之不知，非儒者之耻明矣。

欧阳永叔于理学无所发明，独谓性非切要之道，则可谓知言。如今学者，好谈哲学，推究宇宙之原，庶物之根，辨驳愈多，争端愈多，于是社会愈乱，国愈不可治矣。若在太平之世，以此消遣，亦复贤乎博弈。至于乱世，而尚清谈，则东晋之祸，正是前车。亭林有言："今之理学，亦有清谈。"试问今之哲学，竟有愈于当时之理学否？

宋明学者之取于佛法，有其范围，四禅八定，非所讳言，至于不住生死、超出三界云云，则绝口不道。然则所取佛法，仅及其半。佛法所以为殊胜者，乃先儒所不取，盖唯恐入于断灭也。今若讲论性天之学，更将有取于西洋。西洋哲学但究名理，不尚亲证，则其学与躬行无涉。科学者流，乃谓道德礼俗，皆须合于科学。此其流弊，使人玩物而丧志，纵欲以败度。今之中华，国堕边防，人轻礼法，但欲提倡科学，以图自强，是知其一，不知其二也。

次论无锡特宜注重之学。无锡本东林学派发源之地。东林之学，至清中叶而阒焉无闻。今之无锡，工厂如林，商业繁盛，非顾、高二公子之时之比。然通商之地，人心趋利，盖习俗之移人也。使二公生于今日，虽户说以理学之眇论，恐亦不能化。明儒陈白沙生于岭南，岭南通商最早，高富下贫，粤俗为甚，故白沙之教，日与弟子登涉山水，投壶赋诗，纵论古今事，不遽语及道学。而待其自悟，此盖近于曾点一派。周茂叔令二程寻孔、颜乐处，所乐何事？说是此意。今之无锡，比于明世之新会，必有过之。

吾意设教者当取白沙一派，亦使学子知吾与点也之趣，然后可与适道。

班孟坚讥史公之述货殖，崇势利而羞贱贫，是非缪于圣人。然史公云："夫千乘之王，万家之侯，百室之君，尚犹患贫，而况匹夫编户之民乎？"其词有激宕焉，孔子以臧文仲妾织蒲为不仁，扬子云称公仪子、董仲舒之才之邵。以公仪子为鲁相，妇织于室而遣去，入园有葵而拔弃之，不与民争利也。仲舒为江都相，下帷三年不窥园，亦不治生产者也。然《汉书》称张安世尊为公侯，食邑万户，而身衣弋绨，夫人自纺绩，家僮七百人，绵有手技作事，内治产业，累积纤微，此其与民争利，什百于臧孙，而孟坚谓之满而不溢，岂非缪于孔子、扬云所是非耶？近代曾涤笙身为大臣，而令其室人纺纱，日程四两，此则显与公仪子所为异矣。孟献子曰："畜马乘，不察于鸡豚。伐冰之家，不畜牛羊。百乘之家，不畜聚敛之臣。与其有聚敛之臣，宁有盗臣。"曾氏以理学家自命者也，不知其读《大学》之时，作何等感想也？

或曰刘寄奴为帝，被服居处，俭于布素。岭南献细布，则恶其精丽劳人，史家称之。如今所论，宋帝之俭，无乃贻爱财之诮乎？答曰：宋帝起自贫乏，富贵之后，不改雅度，故可称也。其禁绝侈靡，可谓上思利民，非与民争利审矣。俭为美德，犹贵中礼，况以公侯之富而与民争利乎？至许鲁斋谓儒者必先治生，阳明反对此说，亭林却以为然。

吾意学者治生，与大臣积产有间。学者治生而不至空乏，则可以养其廉耻。阳明生当平世，家给人足，殆未见仕有为贫者，故不达鲁斋语趣。亭林生当乱世，所见为贫而仕者盖亦众矣，故以许说为然。

太史公曰："富者人之情性，所不学而俱欲者也。"然以中国视西洋，则亦有间。中国贵人多有功遂身退者，富人亦有知止知足者，于西洋无闻焉。故人哈同君，富倾沪上，年八十矣，犹日夕校阅房租账簿，此非求益富以自奉也，其治产也，直与吾辈之治学不异，都无止境，死而后已。然西洋之俗，既日渐于中国，耳目欲极声色之好，口欲穷刍豢之味，身安逸乐，而心夸矜势能之荣，亦日有甚焉。昔陆子静讲君子喻于义小人喻于利一章，听者竟至泣下。使在今日讲之，宁复有感动者乎？故吾谓设教于通商之地者，莫如白沙一派为能收效也。

据《制言》第 57 期

* 此为章太炎 1933 年 10 月 23 日在无锡国学专门学校的演讲，由诸祖耿记录。

在孔子诞辰纪念会上的演说

今日为纪念孔子诞辰,开此大会,且先之以祭祀。在孔子固不在此一祭,而在国人心理中则不得不纪念之。从前圣朝列入中祀,清末始升为大祀,民国初元犹然。祭孔与祭祀鬼神不同,大家须知我辈祭孔系纪念至圣先师,与宗教家心目中之鬼神迥不相牟也。尊重孔子是应当的,若认为宗教之教主则大误矣。孔子所应尊重者在何几点?从前天坛宪法以孔子之道为修身之大本,说亦近是。实则犹不止于此。自生民以来,未有甚于孔子,虽关于人事者较少,无意、无必、无固、无我,所谓子绝四者,佛教独然。现为救世计,亦不必讲太高远之道,最平易成近之道,是为人伦,为儒,孔子云,"行己有耻,使于四方,不辱君命,可以为士矣";又云,"见利思义,见危授命,久要不忘平生之言,亦可以为成人矣"。人苟能做到此八句,人心世道之坏,决不至如今日之甚。从春秋到今日,二千四百年,一切环境,当然迭有变迁,具体的政治,《论语》不讲,《论语》单讲抽象的政治,道德齐礼,古今无异。宋赵普之"半部《论语》治天下",半部《论语》治太平,果然欺人之语,然彼何不说半部《周礼》乎?《周礼》具体的,《论语》抽象的,故后者可行,而前者不可行也。

复次,中国立国根本在民族主义,三民主义中亦讲及之。孔子称赞管仲而曰,"微管仲吾其披发左衽矣"。内中国外夷狄,后人以为《春秋》之大义。孔子之自议者为"夷狄之有君,不如诸夏之无"也。盖言夷狄虽有君,犹不如诸夏之无君。朱子反之,遂成倒语。皇侃《论语新疏》,中国以前久成佚书,后从日本得来,清修四库,觉对于此节引申阐发处,颇触忌讳,遂讳其原文,原增鲍氏刻《知不足斋丛书》,亦讳其语。而东洋书庄中则抄本、刻本均与中国本相反,晋孙绰(《文选》中《天台山赋》之著作者)有语云,诸夏有时无君,道不荆棘,夷狄强者为主,形同禽兽,即本此邢昺疏,尚存在其意义亦然也,此最痛切语。要之,从孔子以来二千余年,中国人受外国欺侮,不知凡几。自汉以来,迭受外人欺侮,无有不能恢复者,晋受五胡逼至江南而尚不与之通款,南宋则甚至称臣称侄,元则不必论矣。然韩林儿辈并不读书,尚能恢复一部分故业,无他,孔子学说深中于人心耳。明末满人攘我神州近三百年,我人今日独能恢复我固有之国土,盖亦以儒者提倡民族主义已深入人心,故满夷一推到,即能还我中原耳。

今日国难当前,尊重孔子犹为当务之急。纪念孔子,必须以自己身体当孔子看,又须将中华民族当孔子看。如此纪念，方得纪念之道也。

据《时事新报》1935年8月31日

＊此为章太炎1935年8月27日在江苏吴县举行的孔子诞辰纪念会上的演说辞。

自述治学之功夫及志向

余今日须为弟辈道者，一治学之功夫，二治学之志向也。

余家无多书，年十四五，循俗为场屋之文，非所好也，喜为高论，谓《史》《汉》易及，揣摩入八比，终不似。年十六，当应县试，病未往，任意浏览《史》《汉》，既卒业，知不明训诂，不能治《史》《汉》，乃取《说文解字》段氏注读之。适《尔雅》郝氏义疏初刊成，求得之。二书既遍，已十八岁。读《十三经注疏》，暗记尚不觉苦。毕，读《经义述闻》，始知运用《尔雅》《说文》以说经，时时改文立训，自觉非当。复读学海堂、南菁书院两《经解》皆遍。二十岁，在余杭，谈论每过侪辈，忖路径近曲园先生，乃入诂经精舍。陈说者再，先生率未许。后先生问："《礼记·明堂位》'有虞氏官五十，夏后氏官百，殷二百，周三百'，郑《注》'周三百六十官。此云三百者，记时《冬官》亡也'。《冬官》亡于汉初，周末尚存，何郑《注》谓《冬官》亡乎？"余谓："《王制》三卿五大夫，据孔《疏》，诸侯不立冢宰、宗伯、司寇之官，有小司徒、小司寇、小司空、小司马、小卿而无小宗伯，故大夫之数为五而非六。依《周礼》，当减三百之数，与《冬官》存否无涉也。"先生称善。又问："《孝经》'先王有至德要道'，'先王'谁耶？郑《注》谓先王为禹，何以孝道始禹耶？"余谓："经云'先王有至德要道以顺天下'者，明政治上之孝道异寻常人也。夏后世袭，方有政治上之孝道，故孝道始禹。且《孝经》之制，本于夏后。五刑之属三千，语符《吕刑》。三千之刑，周承夏旧。知先王确为禹也。"先生亦以为然。余于同侪，知人所不知，颇自矜。既治《春秋左氏传》，为《叙录》驳常州刘氏。书成，呈曲园先生，先生摇首曰："虽新奇，未免穿凿，后必悔之。"由是锋铓乃敛。时经学之外，四史已前毕。全史局本力不能得，赖竹简斋书印成，以三十二版金得一部，潜心读之。既毕，谓未足，涉《通典》四五周，学渐实。三十后有著书之意，会梁卓如要共革命，乃疏书卷。及亡命东瀛，行箧惟《古经解汇函》《小学汇函》二书。客居寥寂，日披大徐《说文》，久之，觉段、桂、王、朱见俱未谛。适钱夏、黄侃、汪东辈相聚问学，遂成《小学答问》一卷。又以为学问之道，不当但求文字，文字用表语言，当进而求之语言，语言有所起，人仁天颠，义率有缘。由此寻索，觉语言统系秩然。因谓仓颉依类象形以作书，今独体象形见《说文》者，止三四百数。意当时语不止此，盖一字包数义，故三四百数已足，后则声意相迩者孳乳别生，文字乃广也。于是以声为部次，造《文始》九卷。归国后，叶兔彬见而善之，问如何想得出来？答：日读《说文》，比较会合，遂竟体完成耳。民国二年，幽于京师，舍读书无可事者。《小学答问》《文始》初稿所未及，于此时足之。《说文》："臒，臂羊矢也。"段氏不解，改"臂羊矢"为"羊矢臂"。孙仲容非之，谓"羊"或"美"之讹，"矢"或"肉"之讹。余寻医书《甲乙经》，知股内廉近阴处曰"羊矢"，方悟"臂羊矢"义。又，《说文》："设，常也。"段亦不解。余意"设"、"职"同声。《说文》："职，记微也。"《周礼》"司常掌九旗之物名，各有属以待国事"，郑《注》："属谓徽识也。"徽即小旗，古人插之于身。《说文》有"职"而无"帜"，于是了然于"设，常"之义。又，《说文》："所，二斤也。阙。"大徐音"语斤切"。余谓质〔貭〕从所，必为所声。《九章算术》刘徽《注》："张衡谓立方为质，立圆为浑。"思立方何以为质，乃悟质即所，今之斧也。斧形正方而斜，《九章》中谓为堑堵形。斤本作▽，小篆变乃作⊲。两斧堑堵形颠倒相置，成立方形。立方为质者，此之谓也。所当读质，非语斤切，由此确然以信。凡此之类不胜举，皆斯时所补也。

方余壮时，《公羊》之说盛行，余起与之抗。然琐屑之谈，无豫大义。出都后，卜居沪上，十余年中，念孔子作《春秋》，语殆非实。孔子删《诗》《书》，正《礼》《乐》，未加一字，《春秋》本据鲁史，孔子述而不作，倘亦未加一字。一日，阅彭尺木书，知苏州有袁蕙纕者，言孔子以鲁史为《春秋》，未加笔削，心韪之。至苏州，求其书不得，人亦无知之者。又叶水心《习学记言》，亦言《左传》有明文，孔子笔削者无几，"天王狩于河阳"，史官讳之，非孔子笔也。于是知孔子之《春秋》，亦如班固之《汉书》，非为褒贬作也。褒贬之谈，起于孟子。孟子谓"孔子成《春秋》而乱臣贼子惧"，非谓为乱臣贼子作《春秋》也。大氐古人作史，以示君上，非为平民。司马温公作《通鉴》以进神宗，其事可证。三传同有"弑君""称君""君无道也"文。《谷梁》谓："称国以弑君，君恶甚矣。"太史公《自序》亦谓："有国者不可以不知《春秋》，前有谗而弗见，后有贼而不知。为人臣者不可以不知《春秋》，守经事而不知其宜，遭变事而不知其权。为人君父而不通于《春秋》之义者，必蒙首恶之名。为人臣子而不通于《春秋》之义者，必陷篡弑之诛，死罪之名。"人君读《春秋》，鉴往事，知为君之难，必多方以为防，防范多，斯乱臣贼子惧。喻如警备严明，盗贼自戢。若书名以示贬，如朱晦庵之《纲目》，何能使乱臣贼子惧耶？历世说《春秋》者，杜预为可取，余皆愈说愈远，啖助、赵匡、胡安国辈，均不可信。昔崔浩作《国书》三十卷，立石以彰直笔，后遭灭族之祸。孔子而若浩，不畏灭族之祸耶？太史公衔武帝，其书仍称"今上"，未贬名号。《春秋》于举事过当者，书之曰"人"。"人"本人也，无可非难。自啖、赵至胡安国，惟叶水心说《春秋》不谬。明高拱作《春秋正旨》，拱有经国致用之才，语亦可准。

《尚书》诵习多年，知其难解。江艮庭、孙渊如所说，文理前后不通，喻如吴某演说，三句之后，意即旁骛。余思古人既称古文读应《尔雅》，则依《尔雅》解《尚书》，当得其真。《尔雅》一字数训，前人守一训以为解，无或乎其难通也。意者《尔雅》本有其训，释书者遗而不取，故《尚书》难解乎？《无逸》"康功田功"，《释宫》"五达谓之康"，则"康功"者"路功"也。《盘庚》"用宏兹贲"，《大诰》"敷贲"，语均难通。《释鱼》："龟［龜］三足贲。"古通称蓍蔡之蔡曰龟，则"用宏兹贲"者，用宏此龟也。敷龟者，陈龟也。康为路，贲为龟，《尔雅》明著其训，释书者遗之，遂不可通。以故余所著《古文尚书拾遗》，似较前人为胜。

《春秋》专论大义，《尚书》务通训诂，拘囚北京而还，说经主旨如此。

余常谓学问之道，当以愚自处，不可自以为智，偶有所得，似为智矣，犹须自视若愚。古人谓：既学矣，患其不习也；既习矣，患其不博也；既博矣，患其不精也。此古人进学之方也。大氐治学之士，当如童蒙，务于所习，熟读背诵，愚三次，智三次，学乃有成。弟辈尽有智于余者，功夫正须尔也。

余幼专治《左氏春秋》，谓章实斋"六经皆史"之语为有见；谓《春秋》即后世史家之本纪列传；谓《礼》经、《乐》书，仿佛史家之志；谓《尚书》《春秋》本为同类；谓《诗》多纪事，合称诗史；谓《易》乃哲学，史之精华，今所称"社会学"也。方余之有一知半解也。《公羊》之说，如日中天，学者煽其余焰，簧鼓一世，余故专明《左氏》以斥之。然清世《公羊》之学，初不过人一二之好奇。康有为倡改制，虽不经，犹无大害。其最谬者，在依据纬书，视《春秋》经如预言，则流弊非至掩史实逞妄说不止。民国以来，其学虽衰，而疑古之说代之，谓尧、舜、禹、汤皆儒家伪托，如此惑失本原，必将维系民族之国史全部推翻。国亡而后，人人忘其本来，永无复兴之望。余首揭《左氏》，以斥《公羊》。今之妄说，弊更甚于《公羊》，此余所以大声疾呼，谓非竭力排斥不可也。

《说文》之学，稽古者不可不讲。时至今日，尤须拓其境宇，举中国语言文字之全，无一不应究心。清末妄人，欲以罗马字易汉字，谓为易从，不知文字亡而种性失，暴者乘之，举族胥为奴虏而不复也。夫国于天地，必有与立，所不与他国同者，历史也，语言文字也。二者国之特性，不可失坠者也。昔余讲学，未斤斤及此，今则外患孔亟，非专力于此不可。余意凡史皆《春秋》，凡许书所载及后世新添之字足表语言者皆小学。尊信国史，保全中国语言文字，此余之志也。弟辈能承余志，斯无愧矣。

（一九三三年四月十八日）

＊由诸祖耿记录《记本师章公自述治学之功夫及志向》，载《制言》第二十五期，一九三六年九月出版。